中学歴史 生徒が夢中になる！

アクティブ・ラーニング&導入ネタ80

乾　正学 著

明治図書

◆はじめに◆

「教師は授業が命！」と初任の頃よりよく言われてきました。学校・学年行事など他の教育活動と違い，通常，授業は教師一人が学習指導と生徒指導の全責任を負います。良くも悪くも教師の生身の人間性が，すべて授業に表れる所以です。一方で，授業成立と結果（学力）責任が教師一人に問われやすい授業ほど企画・運営・評価に至るまで，教師が生徒と共に創ることのできるクリエイティブ（創造的）な営みはないでしょう。その授業の肝（キモ）は，内容としての「ネタ」です。内容教科としての社会科の目標を見据えた授業ネタ開発によって，「わかる！できる！笑いがある！（笑顔になる！）」授業をいつも目指してきました。

　第１章では，授業ネタとはそもそも何なのか，どういう視点で開発していけばいいのかについて論じました。また，授業ネタを「導入ネタ」と「アクティブ・ラーニング（AL）ネタ」の２つに分類しました。授業のねらいを示し，授業ネタが授業全体の中でどのように位置づくのかがわかるような記述を心がけました。さらにAL授業の意義や中核となる小集団学習の方法に言及しました。

　第２章では，古代から近代までの授業ネタ80を提案しました。導入ネタ50，ALネタ30を時系列に示したネタは，これまでの筆者の実践と新たに開発したものです。授業ネタの開発では，「ヘェ〜，ホント!?」といった生徒の興味・関心を惹きつける「目から鱗！」的なテーマ設定を心がけました。同時に，時代を特徴づけるような授業ネタを通して生徒を「探究・判断」へと誘う授業導入・展開のモデルを提案しました。この80の授業ネタからたとえ一つでも，読者のみなさんに知的刺激を与えることができたなら，著者として望外の喜びであり，本書を世に出した意義もあるのではないかと思います。

　2016年３月吉日

乾　正学

はじめに

1章 生徒が夢中になる！ネタ授業の開発

1 ネタとは何か……………………………………………………………… 10
2 アクティブ・ラーニング（ＡＬ）型としての小集団学習の方法 ……… 14
3 ネタの構成と我流！ネタ授業開発法 …………………………………… 19

2章 中学歴史 生徒が夢中になる！アクティブ・ラーニング＆導入ネタ80

【古代】
1 なぜ１年は365日？ 古代エジプト人の生と死 … 古代エジプト文明 導入 24
2 古代オリンピックの変わったルールとは何？ … 古代ギリシア文明 導入 25
3 アレクサンドロス大王の家庭教師は誰か？ … 古代ギリシア文明 導入 26
4 「四苦八苦」とはどんな苦？ ……………………… インダス文明 導入 27
5 「自分が嫌なことは，他人にするな！」は誰の言葉？ … 中国文明 導入 28
6 始皇帝が死にたいくらいに憧れた人って誰？ ……… 中国文明 導入 29
7 漢を建国した劉邦はどんな人？ ……………………… 中国文明 導入 30
8 古代ローマ帝国の公衆浴場(テルマエ)は，なぜ作られた？ … ローマ文明 導入 31
9 「ローマ帝国の英雄」シーザーはどんな人？ ……… ローマ文明 導入 32
10 キリスト教では「パンとブドウ酒」は何の象徴？…… 1世紀 導入 33
11 弥生時代のお酒は，米に何を入れたのか？ ………… 弥生時代 導入 34
12 卑弥呼が呪術で使用した果物とは何？ ……………… 弥生時代 導入 35

4

13	縄文時代と弥生時代,住むとしたらどっち? …	縄文・弥生時代	AL	36
14	前方後円墳の「方形」は何のためにあるのか? ……	古墳時代	AL	38
15	聖徳太子の政策で一番評価できるのは何か? ………	飛鳥時代	AL	40
16	『コーラン』では,男性が複数の女性と結婚できるのはなぜか?…	7世紀	導入	42
17	なぜ中大兄皇子は天皇になるのが遅かったのか?…	飛鳥時代	導入	43
18	なぜ持統天皇は全国に伸びる道路をつくったのか?…	飛鳥時代	AL	44
19	天武天皇の趣味は何? ………………………………	飛鳥時代	導入	46
20	黄泉の国からこの世に帰ってきたイザナギは,最初に何をしたか? ………………………………	奈良時代	導入	47
21	古代の罪と罰 歴史法廷「漆盗み事件」を裁く! …	奈良時代	AL	48
22	なぜ行基は朝廷から弾圧されたのか? ………………	奈良時代	AL	50
23	ライバル対決! 最澄VS空海 ………………………	平安時代	導入	52
24	ライバル対決! 紫式部VS清少納言 ………………	平安時代	導入	53
25	平安貴族のプリンス! 藤原道長が恐れたものとは何か? ………………………………………………	平安時代	AL	54

【中世】

26	北条政子は源頼朝の愛人に何をした? ………………	鎌倉時代	導入	56
27	御成敗式目の変わった法律って何? ………………	鎌倉時代	導入	57
28	一遍の聖なるモノとは何? …………………………	鎌倉時代	AL	58
29	親鸞の悩みの種とは何? ……………………………	鎌倉時代	導入	60
30	元寇のときの「てつはう」は,何でできていた?…	鎌倉時代	導入	61
31	地獄はどこにある? …………………………………	鎌倉時代	AL	62
32	お寺が徳政令!? 正長の土一揆の謎 ………………	室町時代	AL	64
33	足利義満が金閣を建てた目的は何? ………………	室町時代	導入	66
34	「秘すれば花」とは誰の言葉? ………………………	室町時代	導入	67
35	中世の罪と罰 歴史法廷「刀盗み事件」を裁く!…	室町時代	AL	68
36	一休さんに悟りのきっかけを与えた動物とは何?…	室町時代	導入	70
37	『もののけ姫』に出てくる包帯をまいた人とは誰?…	室町時代	導入	71

38	室町時代，白熱した庶民の遊びとは何？	室町時代	導入	72
39	『御伽草子』の「浦島太郎の話」の教訓って何？	室町時代	導入	73
40	上杉謙信の経済力の秘密とは何か？	戦国時代	AL	74
41	ライバル対決！ 謙信VS信玄①名言から迫る人物像	戦国時代	AL	76
42	ライバル対決！ 謙信VS信玄②決戦！ 川中島の戦い	戦国時代	AL	78
43	ルターが修道士になったきっかけは何？	16世紀	導入	80
44	万能の天才！ダビンチはなぜ鏡文字を使ったのか？	16世紀	導入	81
45	ザビエルに日本布教を決意させた日本人は誰？	戦国時代	導入	82

【近世】

46	桶狭間の戦いの最大功労者は誰？	安土・桃山時代	導入	83
47	茶道が流行したのはなぜ？	安土・桃山時代	導入	84
48	石田三成は「秀才」だけの人？	安土・桃山時代	導入	85
49	家康が恐れた真田一族！ 生き残りの戦略とは何か？	安土・桃山時代	AL	86
50	徳川家康の趣味は何？	江戸時代	導入	88
51	江戸の愛と死	江戸時代	導入	89
52	究極の選択！ 天災時,子どもと親どちらを選ぶ？	江戸時代	AL	90
53	駆込寺はどんな寺？	江戸時代	導入	92
54	ジブリ映画「おもひでぽろぽろ」に出てくる商品作物は何？	江戸時代	導入	93
55	マーケティングの元祖！ 三井の越後屋の繁盛術とは何？	江戸時代	AL	94
56	武士の家計簿「出世しやすい能力とは何？」	江戸時代	AL	96
57	葬式仏教の誕生！ 江戸のお寺は町役場!?	江戸時代	AL	98
58	近世の罪と罰「大泥棒鼠小僧次郎吉を裁く！」	江戸時代	AL	100
59	100均ショップの生みの親!? 田沼意次の柔軟経済術！	江戸時代	AL	102
60	「1年を 20日で暮らす いい男」とは誰？ ライバル対決！ 谷風VS小野川	江戸時代	AL	104
61	「自由・平等」を唱えたルソーはどんな親だった？	18世紀	導入	106
62	「鬼平」長谷川平蔵の人間改造法って何？	江戸時代	導入	107
63	「オットセイ将軍」徳川家斉の元気の源とは何？	江戸時代	導入	108

64	寺子屋の授業料はいくら？	江戸時代	導入	109
65	なぜ二宮金次郎は荒廃した農村を復興できたのか？〔逆境編〕	江戸時代	AL	110
66	なぜ二宮金次郎は天保の大飢饉を乗り切れたのか？〔飛翔編〕	江戸時代	AL	112

【近代】

67	ペリーのお土産で,幕府が喜んだものは何？	幕末〜明治維新	導入	114
68	幕末の英語「ワシ・イット・テリュウ？」ってどういう意味？	幕末〜明治維新	導入	115
69	坂本龍馬の懐に入っていたものとは何？	幕末〜明治維新	導入	116
70	なぜ平民は苗字をつけなければならなかったの？	明治時代	導入	117
71	一万円札のモデル,福沢諭吉が憎んだものとは何か？	明治時代	AL	118
72	仏から神へ！ 明治維新の廃仏毀釈はなぜ起こったのか？	明治時代	AL	120
73	明治天皇が落馬したとき,西郷隆盛は何と言った？	明治時代	導入	122
74	なぜ明治の政治家や軍人には「ヒゲ」が多いのか？	明治時代	導入	123
75	ライバル対決！ 西郷隆盛VS大久保利通「征韓論論争」どちらが正しい？	明治時代	AL	124
76	近代の罪と罰 歴史法廷「大津事件」を裁く！	明治時代	AL	126
77	二葉亭四迷は,「愛してる」を何と訳したか？	明治時代	導入	128
78	夏目漱石は『三四郎』で何を預言したか？	明治時代	導入	129
79	マスメディアの華！ ラジオ放送の光と影とは何か？	大正時代	AL	130
80	探究！「特攻作戦」の情と理	昭和時代	AL	132

おわりに

1章
生徒が夢中になる！ネタ授業の開発

1 ネタとは何か

「回るお寿司もいいけれど，たまに食べたや，ガラス寿司」。私はお寿司が好きである。以前はよく家族で回転寿司に通っていた。しかし，最近は勝手に贔屓にしているガラスケースにネタが入った寿司屋に行くことが多い。と言っても高級な寿司屋ではなく，庶民的な値段でおいしい寿司を食べさせてくれるのが気に入っている。その寿司屋は，まず大ネタである。シャリが見えない！　さらに肉厚である。しっかり噛まないと食べられない！　そして新鮮である！　いかにも「職人」といった風の大将らしき人が，次から次へと違う種類の寿司の注文を，黙々と鮮やかな手つきと流れるような段取りで握っていく。時折，お客さんとの楽しい会話を交わしながら。でも，手は止まらない。いつしか私は，カウンターでその様子を見るのが好きになった。これは授業の極意に通じると……。

寿司と同じく授業はネタが命である。**ネタとは，教材化の可能性をもつ学問成果（食材）である**と言えるだろう。おいしく（楽しく）て，栄養がある（学力がつく）料理（授業）を創りたいと，いつも思う。では，どのようにすれば，そのような授業が創れるのか？　私は，**生徒が「へぇ～」，「なんで（なぜ）？」，「自分だったらどうしようか？」を発したくなるような身近で目から鱗！（共通性や意外性から生まれる共感や批判感情）のネタを用いた授業**に，その可能性を見出したい。まずは導入である。落語に聴衆を本題へといいムードで誘うための「枕」があるように，その後の授業展開に橋渡しできるネタが導入ネタである。

例えば，卑弥呼が呪術で使用されたとされる「桃の実」が，邪馬台国の有力候補地「纒向遺跡（奈良県桜井市）」の大型神殿跡と見られるところから大量に見つかった（ネタ12）。遺物の状態から食用ではなかったようである。「卑弥呼は桃の実を何の目的で使用したのか？」魏志倭人伝を読む。「よく衆を惑わす」の記述が目に留まる。生徒の自由な解釈が始まる。「惑わす」と

は，どんな意味なのだろう？　やがて呪術と桃の実が結びつけられていく。桃でなければならなかった理由がそこにはあると。祭政一致であった邪馬台国の社会を魏志倭人伝と遺物を手がかりに自由に考察する「扉」が，「桃の実」というネタである。最近の研究では，桃の実には，「幻覚作用」があるという。さらに，導入ネタに関連する「その他の活用（発問例）例」によって多様な導入方法例を紹介した。

　もちろん，導入ネタでおもしろく，興味を惹きつけさえすればそれでいいというものではない。**歴史学習のねらいは，その時代の特徴（制度や思想など）を知り，わかる（認識）ことであり，そのための「なぜ？」といった探究や，「ある歴史人物のしたことは正しかったのか？」といった判断＜評価＞，「自分がその歴史人物の立場ならどうするか？」といった判断＜意思決定＞へと促すネタも不可欠である。そして究極のねらいは，そういったネタを駆使して時代の大観を獲得できる授業につなげていくのである。**

　ここで，江戸時代の宝永大地震（1707年）による大津波で，ある土佐藩士の家族が逃げ遅れて津波にのまれたという歴史事実を例に挙げよう（ネタ52）。漂流しながらも娘を背中に抱えた武士（柏井貞明）が，少し離れたところにいた自分の母親が溺死寸前の状況を見たとき，「どのような行動に出たでしょうか？」という発問をする。生徒はその武士の気持ちに立って行動を予想する。「娘を抱えたまま，何とか母親を助けようとする」といった意見が多く，次に「泣く泣く母親を見捨てる」といった意見が続くといった生徒の回答が予想される。しかし，事実は，「貞明の背中にいた自分の娘を津波の中に放り投げて，母親を助けた」のである。生徒は一様に「うそー！」といった驚きの声を上げるのではないか。親が子どもを見捨てることはない！という現代的価値観の揺らぎが生まれる。続いて「なぜその武士は我が子を捨てて，自分の母親を救ったのか？」という中心発問を行う。貞明の行動は，江戸時代を支配した儒教的な「忠孝第一（主君や両親に対する孝行が一番！）」という封建道徳から言えば，当然の行為であったことに，生徒はやがて気づいていくのである。でも生徒の違和感は残るだろう。それでいい

と思っている。歴史上の一つの行為の根底に，その時代の支配的な思想の存在を認識する学習につながるからである。

　一方で，この武士の行動に対して，歴史事実は事実として，史料から再現した状況を理解した上で，「他に方法はなかったのか？」という発問も考えたい。もちろん，意思決定を行っても結果（歴史事実）が変わるわけではない。「歴史にもし（if）は禁物」ともいわれる。しかしその一方で，鹿野政直氏は，起こったことだけが書かれた歴史の学習にしばられすぎると，「他に道はなかったのか」という歴史に対する想像力をしぼませることになる，と指摘している。**歴史に対する多様な見方を育てる一助として「もし，〜だったらどうなっていただろう」という歴史事実の決定可能性の視点をもつことは重要であろう。**よくいわれる「歴史に学ぶ」とは，そのような歴史に対する姿勢ととらえたい。

　そして最後に，「もしあなたが，その武士の立場だったら，どのような行動をしただろうか？」という発問を行う。この発問は，愚問に思えるかもしれない。民主的な現代社会に生きる生徒たちが，江戸の封建社会で仮想的な判断を下すことにどんな意味があるのかと。しかし私は，歴史事実を「他人事ではなく，我が事」として考えることが，生徒にとって歴史を身近なものにし，活用する上で重要であると考える。原田智仁氏は，現在とは異なるルールや価値観の支配した過去を対象とする歴史学習では，「そのとき，主人公はどんな気持ちでしたか？」というシンパシー（感情移入）型よりも，「あなたが，主人公と同じ立場に置かれたら，（当該主人公の立場を論理的に分析した上で）どんな気持ちになると思いますか？」というエンパシー（自己移入）型の効果性を指摘している。

　そもそも，いつの時代でも，支配的な（常識的な）思想がすべて人を規定したわけではない。必ずその思想に抵抗し，自己を曲げず，「変わり者や不心得者，あるときは反逆者の汚名を着せられた」有名・無名の多様な価値観をもつ先人たちが多くいたはずである。そして時代のパイオニア（開拓者）とされた人たちも，多くはそこから生まれた。**時代の思想や価値観を理解し**

た上で意思決定を行う過程の中で，自分自身や現代社会（の未来）を見つめる目が育つと考える。地震・津波や豪雨災害など日本は災害が多い国である。それは古代以来，変わることはない。先人たちが犠牲と苦闘の中で培ってきた災害行動と防災の歴史は，各時代（の思想や価値観）を映す鏡であり，そこから得られた知恵や教訓は，現代に活かすべき貴重な財産である。

アクティブ・ラーニング（AL）型としての小集団学習の方法

(1) **アクティブ・ラーニングの考え方**

　次期学習指導要領のキーワードの一つで，主体的・協働的学びとされる「アクティブ・ラーニング」（以下「AL」）が注目されている。小林昭文氏は，ALをどんなに上手な講義をしても，生徒や学生がただ聴いているだけの状態は受動的学習であり，書いたり発表するといったアウトプット作業（外化）をすれば，それはAL（能動的学習）であると，大きな枠組みで柔軟に捉えている。この意味で，一斉授業の学習形態であっても，生徒に発問し，一部の生徒が発言したり，ノートやワークシートに考えを書かせたりする学習もALといえる。とはいえ，**課題に対する個人の考えを3～4人の小集団で情報交換や討論をする場面を設定すれば，多様な視点からの生徒の思考・判断が活性化し，豊かな表現内容を創造する**ことができよう。良いネタ（教材）があっても，それをどう調理（指導）するかで，料理（授業）の価値は大きく違ってくる。「社会科は暗記教科」という固定観念は，一斉授業「偏重」の学習形態が生み出した産物ともいえる。**結果としての知識ではなく，「学ぶ過程（興味・関心を高め，思考・判断・表現力を育成する過程）」を大切にした知識習得**を目指したい。

　次頁の図は筆者が小集団学習を実践しているワークシートの1例である（**ネタ22**）。行基が，橋や用水路を信者や協力者（口分田や村を捨てて浮浪人となった者も含む）と共に建設していることを朝廷から弾圧された理由について，まずは複数の視点から個人で思考し，小集団での意見交換を通して自己の見方・考え方を学び合えるワークシート構成にした。しかも「土木工事をさせている（雑徭の人手が減る！）」や他のワークシートでは「勝手に多くの人や木を切って命令しているのは公地公民の原則違反」など，既習事項を踏まえた意見形成ができている生徒が少なからず見受けられた。さらに，

小集団メンバーとの意見交換で相手の意見をよく聞き，メモし，発表することを通して思考・判断・表現力のレベルアップも，小集団学習の回数を重ねるごとに実感している。そして何より下図のワークシートにもあるように「○○君の意見も自分は考えられなくてなるほどと思った」と振り返っているように，**相手の意見から学ぶ謙虚さ，尊重し合う心の育成にも，小集団学習は大きな効果を発揮**している。生徒同士における人間関係の希薄化の中，自分の思う通りにならないと「キレる」，注意されると「逆ギレする」など自分の感情をうまくコントロールできない生徒が増えている。メールでの文字会話に慣れている生徒たちには，面と向かって相手の表情や感情に配慮しながら円滑にコミュニケーションを図るトレーニングの必要性を痛感することが多い。その意味からも**小集団学習の導入は，社会に出て通用する（人とうまくコミュニケーションがとれる。よって，幸せになる）道である**と確信している。

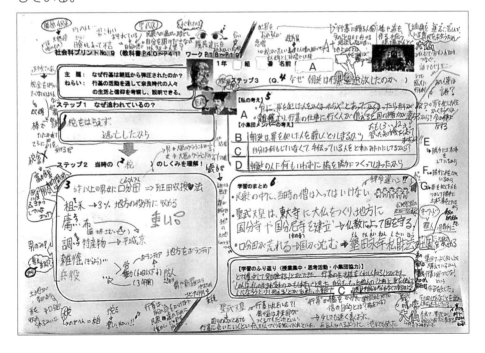

一方で，小集団学習による知識定着度の効果性については，右図の有名なアメリカ国立訓練研究所の「ラーニング・ピラミッド」が一つの研究成果を示している。授業で学んだ内容を半年後にどれだけ記憶しているかを授業形態で比較し，ピラミッド形に数値化した図が，ラーニング・ピラミッドである。私が最初に

ラーニング・ピラミッド

講義［聴く］	5%
読書［資料を読む］	10%
視聴覚	20%
実演［デモンストレーション］	30%
グループ討論	50%
実践［自ら体験する］	75%
他の人に教える	90%

これを見たとき，少なからずショックを受けたことを覚えている。ワンウェイ（一方通行）の講義形式は，わずかに5％しか定着しないのかと……。反対に小集団学習などのグループ討論は50％の定着。相手に教えると90％の定着率の高さ。教えるというのは，教師がよくやっている機能であるが，知っていることを教えるためには情報伝達の変換作業が必要で，よく伝達内容の本質を知ること，そして伝達対象に合わせた伝え方をするという高度な知的作業である。今後も，小集団学習の可能性を探っていきたい。

　なお，本書のAL ネタでは，先述したように，ネタに応じて「探究型（なぜ？）」「判断型（評価：その行為は正しかったのか？）」，「判断型（意思決定：あなたならどうするか？）」に類型して提案した。さらに，そのようなAL型の授業ネタによる**指導と評価の一体化**の視点から，本書では，**全教科を通して育成すべき能力である「思考・判断・表現力」**の観点に特化して評価規準と判定基準を示した。**評価は言うまでもなく，授業のねらいと評価内容や方法が合致しているかという妥当性と信頼性が重要である**。また，評価を今後の指導改善の工夫に活用することも必要である。そこで，AL 型ネタ30については，授業のねらいに関わる中心発問（本書では☆マークで明示）に対する判定基準A（十分満足）とB（おおむね満足）の評価規準を示し，判定基準C（努力を要する）については，「今後の指導の手立て」を明示した。

(2) 小集団学習の実際

　本書の AL ネタでは，紙幅の関係上，小集団での学習の中身には言及できなかったので，触れておきたい。私は小集団学習（3～4人）を導入する際，特に**「一人で学ぶ，協同で学ぶ，人間を学ぶ」**を大切にしている。まずは，小集団メンバー一人ひとりが**「強い個人になる」**ことを目指す。個人思考の時間は，「決して他人と相談などはしない！」ことを義務づけている。人間は弱いもので，自信がないとすぐ人に頼りがちになる。机間指導で，ペンが進まない生徒がいれば，感じ考えたことを口で言わせたり，ヒントになる視点を助言する。それを文字にしやすいよう支援する。この後に，小集団メンバーとの情報交換である。そこで発表できないというのは，「恥ずかしいなあ」とか「嫌だなあ」と感じる年ごろである。大人であればなおさらであるが……。だからがんばらせたいと思う。思考力は筋トレと同じで，継続しないと身につかない。もちろん，教師の課題設定の適切性や発問のわかりやすさは前提条件である。

　次に小集団の意見交換では，**役割分担を意識**させる。人は状況に依存しやすく，仕切りたがりの生徒や世話好きな生徒がいればその小集団学習はうまくいきやすいのだが，すべての小集団がそうとは限らない。そこで，メンバー全員が毎回ローテーションでリーダーになることをルール化し，意見交換を進めていく司会・進行の役割を担う。**みんながリーダーになる**のである。ちなみに，リーダーは，導入でよく実施するクイズのカードの配布・回収や正解者のチェックなどの仕事もこなしてもらっている。メンバーのお世話をすることで，**メンバー同士の相互協力関係が育っていくこと**を期待している。その他の係としては，全体発表のときの発表係や発表ボードの記入，メンバーに声かけをして良いムードを創るムードメーカー係，各メンバーの発表時間を調整するタイム・キーパー係，各小集団のプリント回収・提出係など一人一役で**各個人が，自分の役割を責任感をもって担い，「協」力して高め合う中で「同」じ目標を達成していける集団づくり**を目指している。

　最後に，そのような集団づくりに欠かせない意見交換時のマナーとして，

次の4点を生徒に身につけさせたい。

- 人の話は目で聴く！（相手の目を時々見ながらでもメモはとれる！）
- 笑顔で聴いてあげよう！（聴き手の「相槌」や「笑顔」は話し手に安心感を与える。良い意見や違った視点の意見には,「あ～,確かに！なるほど！」などのうれしい声かけをかけてあげよう！）
- 質問や反論は,発表の後で！（または,指定時間に！）
- 意見発表の順序は,まず「結論」後「理由（具体例）」！

3 ネタの構成と我流！ ネタ授業開発法

(1) ネタの構成

本書で提案したネタの構成における留意点を示せば，以下の通りである。

　　ア．ネタは歴史学習の系統性を考えて時系列（時代順）に配列した。
　　イ．ALネタは各時代に一つは設定した。
　　ウ．ネタを多様な視点（政治・経済・社会・文化など）から構成した。
　　エ．ネタによっては，各時代ごとに比較考察できるように構成した。
　　オ．各時代の大観に適した視点を設定した。
　　カ．歴史事象の関心と比較考察による歴史認識を高めるために，歴史人物のライバル関係を視点としたネタを選定した。

　上記エについては，例えば古代から近代に至るまでの「寺や僧」の歴史的特徴の変遷を考察することで，現代における寺の位置づけを振り返る契機とした。古代の奈良時代前半までは，鎮護国家の思想のもと，僧は寺でお勤めをするのが仕事であった。中世では，荘園制のもとで宗教権威を背景に政治的・経済的権力をもった。近世では一転して荘園制の崩壊により，幕府の民衆支配を担う下請け的行政機関となり，葬式仏教が仕事となった。明治の近代になって，前代からの民衆の不満のはけ口として廃仏毀釈などの仏教弾圧運動を経て寺は改革を余儀なくされ，今日に至っては，「葬式離れ，墓離れ，寺離れ」の「三離れ」に直面している。

　またオについては，例えば，「法」という時代を大観できる視点から各時代の特徴を考察できるように配慮した。各時代における法の実効性や効力範囲，法の主体者（執行者）及び法の中身（犯罪観や刑罰観）を，実際の歴史事実に即して多様な視点から考察し，意見形成できるようにした。例えば，古代における法は，儒教思想に影響された律令に代表され，天皇は超法規的存在であった。中世の武家社会では，各権力主体（幕府や荘園領主など）や，武士の在地領主法と民衆による惣掟などによる分権的法圏を特徴とした。近

世の江戸では、幕府が各藩を統一的に支配する幕藩体制が確立したが、同時に各藩の自治も緩やかに許容した。近代では、大日本帝国憲法のもと、三権分立が制度上規定されたが、司法権は実際には不安定であった。さらに、カ．では、「ライバル対決！」として例えば、戦国大名の人気を分ける上杉謙信と武田信玄という対照的なライバル関係にある２人の言葉や戦法を通して、戦国大名の一つの性格や行動様式を興味深く探れるようにした。

(2) **我流！ ネタ授業開発法**

　最近、実践して楽しかった授業を事例に、ネタ開発と授業過程に組み込むやり方を紹介して本章を閉じたい。「奈良時代の文化（天平文化）」の授業を創る際、教科書に掲載されている重要用語を確認する。例えば「万葉集」という文学作品が目に入る。文学にはその時代の人々の思想や、現代の私たちにも共感できる感情が表出されているので、よく教材化を試みる。以下、授業づくりの手順を述べる。なお、授業のねらいは、「既習事項の内容を活かして、奈良時代の人々の心を自由に解釈して表現する」ことである。

　まず、文庫本の『万葉集』にざっと目を通して「心にジーンときたもの（リズム、美しい言葉の響き、そして恋！）」を選び出す。その一つに、次のような「名もなき女性の歌」があった。

> 信濃なる　千曲の川の　細石（さざれし）も
> 　　　　君し踏みてば　（？）と拾はむ

　女性の彼氏への想いがストレートに伝わってくる歌である。これを教材にしようと決める。次にこの歌に関する情報をネット検索で探す。手ごろな文庫や新書などがあれば手に入れて解説を読む。この歌は、「詠み人知らず」で誰がつくったのか、彼氏はどういう人か、その後２人の関係はどうなったのかも不明で、古来からいろいろな解釈がなされてきたという。であれば、自由に解釈ができる。ただ、国語の授業ではないので、奈良時代の既習事項

（人物・できごと・時代の特徴など）を活用した解釈と物語の創作により，思考・判断・表現力の育成を目指そうと考えた。奈良時代の無名の女性の恋愛感情に，思春期の生徒たちはどのような反応とイメージをもつことができるのか，楽しい授業となる予感があった。

　授業の実際は次のような流れで進めた。歌の意味や場所や情景を（？）は隠して解説する。できれば，情景イメージをもたせるため千曲川の風景画像を見せたい。その後，導入クイズである。この歌に生徒の興味・関心を惹きつけるためである。「（？）には，次の漢字１文字が入ります。　１．愛　２．宝　３．玉」。正解は３の「玉」である。彼氏が踏んだかもしれない千曲川の河原の石を「玉（ダイヤモンド！）と思って拾おう！　ということです」。さて，次に中心発問「彼氏は今どうしているのでしょうか？　この歌から自由にストーリー（物語）を創ってください。条件は２つです。１つ目は，これまでの奈良時代の学習で習得した知識を必ず活用しましょう。２つ目は，必ずなるほどと思える「理由」をできるだけ多く書きましょう」。個人思考に十分時間をとった後に，小集団による意見交換とその後の全体発表で意見集約をした。そこで出された主な意見は，下記のようなものであった。

- 彼は防人で離ればなれになっており，その寂しさから彼女は千曲川の石をお守り代わりに拾った。
- 防人で死んでしまい，その悲しみのあまり彼の想い出を探すために千曲川にやってきて，彼が踏んだかもしれない石を彼女は拾った。
- 彼は貧しい彼女のために盗みを働き，律令で罰せられ，刑務所に入っている。彼女は寂しさのあまり，彼の面影を石に求め拾った。
- 彼は税の負担（調・庸）に耐えかねて，逃亡し，行基のもとで土木工事を行っている。

　そして，一番私が想定外だったのが，
　「実は，彼は『秦犬麻呂』で，平城京で盗みを働き島流しになってしまった。彼女はそのことをまだ知らないで，ずっと犬麻呂を待っているのである」（※本書のネタ「21」参照）

という生徒の発表だった。確かに，ネタ21は，律令の内容と実態的運用を学習するために行った授業だったが，まさか彼氏を犬麻呂に結びつけるとは……。

生徒の奇想天外な（でも筋が通っており，既習事項も踏まえている！）意見にワクワク，ドキドキしている自分がいる。だから，ネタ開発はやめられない！

授業の最後に，ル・クプル（フランス語で「夫婦」）が歌う「ひだまりの詩」を聴かせる。別れた彼氏の温かい優しさを，「ひだまり」に形容した現代女性の女心と奈良時代の名もなき女心とが，1300年の時空を越えてクロスする。

【主な参考文献】
- 鹿野政直『歴史を学ぶこと』岩波書店，1998
- 原田智仁「人物学習の基礎・基本②　めざすはシンパシーではなくエンパシー」明治図書，『社会科教育』2012年7月号
- 小林昭文『アクティブラーニング入門』産業能率大学出版部，2015
- 乾　正学『わかる！できる！笑いがある！協同学習で創る中学歴史授業のヒント』明治図書，2014
- 犬養　孝『万葉の人々』新潮文庫，1981
- 佐佐木信綱編『新訂　新訓・万葉集』下巻，岩波文庫，1955

2章 中学歴史 生徒が夢中になる！アクティブ・ラーニング＆導入ネタ80

- ●古代―― 24
- ●中世―― 56
- ●近世―― 83
- ●近代―― 114

古代エジプト文明

1 なぜ1年は365日？ 古代エジプト人の生と死

導入ネタ

ネタ→授業化のヒント

農耕と防災意識（洪水対策）から現在のカレンダーは生まれた。

授業のねらい　文明発生地の大河での農耕と防災知識が説明できる。

ネタ紹介＆導入方法

　生きることは，第一に食べることである。「エジプトはナイルの賜物」，古代エジプト人は，ナイル川からその恵みを享受した。農耕は「水と肥沃な土」を必要とする。よってナイル川の氾濫時期の予測は，防災（避難）の観点からも死活問題であった。神官による長期の天体観測で発見された法則性と文字（ヒエログリフ）の発明は，その後の文明の発展につながっていった。

・「Q．1年が365日になったのは，次の何の自然現象と関係があるのでしょうか？」1．乾季　2．砂嵐　3．洪水（A．3）※一斉挙手。
・「洪水の開始時期と次の開始時期の間を観測したら365日だったということで，1年の日数としました。洪水の開始時期は，日の出前の東天の空に，全天中最も明るい恒星の『シリウス』が輝いたときとされます。エジプトでは，この日が新年となるのです。観測記録のため文字も発達しました」

【その他の活用（発問）例】

・栽培した麦からビールをつくり，人生を楽しんだ。
・永遠の命への願望は，死体をミイラにした。内臓を除き，天然ソーダなどを使用して防腐処理を行ったが，「心臓」は残した。ピラミッドに眠るファラオの占有物だったミイラ処理は，その後民衆にも許された。

主な参考文献

・屋形禎亮他『世界の歴史1　人類の起源と古代オリエント』中央公論社，1998
・貝塚茂樹責任編集『世界の歴史1　古代文明の発見』中央公論社，1982
・ヘロドトス『歴史』上・中・下，岩波文庫，1971

古代ギリシア文明

2 古代オリンピックの変わったルールとは何？

導入ネタ

> **ネタ→授業化のヒント**
> 古代と近代オリンピックの理念の継承は，「平和」であった。現代の人権感覚では，問題のあるルールも存在した。

授業のねらい 古代オリンピックを通してギリシア社会が説明できる。

ネタ紹介＆導入方法

　紀元前8世紀の古代ギリシアは，アテネやスパルタなどのポリス（都市国家＜約1000＞）が覇権を競う時代であった。そんなポリス間につかの間の「平和」をもたらしたのが，オリンピアで開催されたギリシア統合の象徴としての古代オリンピックである。そこでは，ポリスと勝利者の名誉（勝利者には「月桂冠」の戴冠）をかけて集まった選手が，全力で戦った。「花形」種目である短距離走（スタディオン走※「スタジアム」の語源，約180m）に出場する選手は，全員裸体の成人男性であった（裸形の英雄ヘラクレスにあやかったという。あのウサイン・ボルト＜北京・ロンドン五輪100m＆200m王者＞の「ヘラクレス」ポーズには意味があった！）。しかも，フライングをしたら「むち打ち」のペナルティが待っていた！　また，古代オリンピックは，やがてキリスト教の影響（多神教を認めない！）で，廃止された。

・（オリンピックの陸上競技（100m）映像を事前に映写すればなお効果的！）
　「Q．古代ギリシアの短距離走で，フライングのペナルティを次から選びなさい」1．失格　2．罰金　3．むち打ち（A．3）※一斉挙手。

【その他の活用（発問）例】
・「未婚」女性だけの大会はあった！　種目は「スタディオン走」のみ！
・「戦争中のポリス同士は参加したか？」A．参加した。（休戦協定締結）
・「現在のオリンピックの開会式で入場する最初の国は？」A．ギリシャ

主な参考文献
・桜井万里子，橋場弦『古代オリンピック』岩波新書，2004

古代ギリシア文明

3 アレクサンドロス大王の家庭教師は誰か？

導入ネタ

> ネタ→授業化のヒント
>
> アテネの民主政治は諸学問の発達を促し，アレクサンドロス大王の大遠征により世界に広まった。

授業のねらい アレクサンドロス大王の遠征の文化的影響が説明できる。

ネタ紹介＆導入方法

　アテネの民主政は，奴隷労働を基盤とした18歳以上の男子市民による民会で運営された。官僚も例外を除いて任期制で，市民同士の籤（くじ）で任命されるという直接民主政であった。民会では，議論を通して自分の意見を通すための弁論術が重要視され，ソフィストが活躍した。また，諸学問の父とされるアリストテレスは，後に大帝国を建設したアレクサンドロス大王の家庭教師で，知勇兼備の大王のギリシア文化愛好心に影響を与えた。ギリシア文化とオリエント文化を融合したヘレニズム文化（ギリシア風の文化）が生まれ，日本文化にも影響を与えた。大王はオリエント文化を尊重し，ギリシア人とペルシア人との有名な「集団結婚式」を行うなど，両文化の融合に努めたとされる。

・「Q．アレクサンドロス大王の家庭教師は誰ですか？　次から選びなさい」
　1．ソクラテス　2．プラトン　3．アリストテレス（A．3）
　※一斉挙手。

・「アテネで必要とされた学問（教科）は，『弁論術』でした。市民による民会で自分の意見を相手に納得させることが必要とされたからです」

【その他の活用（発問）例】
　アリストテレスの師プラトンは，「アカデメイア」（アカデミーの語源）という学校をつくり，その師ソクラテスは，「無知の知」の言葉で有名です。

主な参考文献

・村川堅太郎『世界の歴史2　ギリシアとローマ』中央公論社，1982

4 インダス文明 「四苦八苦」とはどんな苦？ 導入ネタ

ネタ→授業化のヒント

「生老病死」（四苦）の悩みから出家したシャカは，欲望こそが苦しみの原因と考え，解放のための教えを説いた。

授業のねらい 現代日本人に影響を与えている仏教内容が説明できる。

ネタ紹介＆導入方法

シャカは紀元前５世紀ごろの人で，古代インドのシャカ国の王子として何不自由なく城の中で過ごしていた。あるとき，シャカは城の４つの城門から外の世界に出たとき，「老病死」の苦しみを背負う人たちを見た。そして最後に本当の修行者を見た。シャカは真剣に悩み，愛する妻も子どもも，王子の地位も捨てて出家した。その後，数年間の苦行を経たが，悩みは解決せず，菩提樹で瞑想中に心の中に湧き起こる誘惑に勝利し，ついにブッダ（目覚めた人）となった。シャカは人生を「苦」と認識した。生きる苦しみには，「愛別離苦・怨憎会苦・求不得苦・五蘊盛苦（総じて人間活動による苦）」の四苦があり先の四苦と合わせて四苦八苦という。そこからの心の解放（悟り）に至る実践方法を弟子たちが編集したのが，「お経」である。お経は普通，葬式で読まれることが多いが，本来は生きるための教えであった。

・「Q．『四苦八苦』の四苦（四つの苦）ってどんな苦しみか，想像して書いてみよう！」。その後，小集団で情報交換後，全体発表。

【その他の活用（発問）例】

・「Q．苦しみは『欲（望）』から生まれる。その欲はいくつあるとされましたか？」＜ヒント＞除夜の鐘のつく回数。正式な数珠の玉の個数。　A．108個

・「覚悟」，「邪魔」，「我慢」など日常用語としての仏教語は数多い。

主な参考文献

・中村　元『ブッダ入門』春秋社，1991

5 「自分が嫌なことは，他人にするな！」は誰の言葉？

中国文明

導入ネタ

ネタ→授業化のヒント

「先輩，後輩」や「いじめ」など人間関係のトラブル回避の常套句。「先祖供養」は儒教の「宗教性」に由来している。

授業のねらい 現代日本人に影響を与えている儒教内容が説明できる。

ネタ紹介&導入方法

　野望と欲望が渦巻く春秋時代にあって，孔子は「仁」の心と「礼」の実践によって社会の混乱を救おうとした。仁とは「己の欲せざるところ，人に施すことなかれ」であると孔子は言う。他人と自分が同じ人間である。他人の身になることの大切さを第一においている。礼とは他者（特に年長者）に対する敬意の態度で，一番近い存在は親である。親がいなければ自己の存在はない。孔子は親への敬意を「孝」という言葉で表した。「先輩・後輩」，「失礼」，「（親）孝行」など現代に受け継がれる言葉の意味とその影響力に気づかせたい。一方，意外にも儒教は，現世道徳だけでなく，本来，死者（先祖）と現世とをつなぐ祭礼儀式から生まれており，先祖供養の性格が強い。それが後に（日本）仏教と結びついていく。

・「Q.（　）が嫌なことは，（　）にするな！」の（　）に正しい言葉を入れなさい」・「Q. 上の言葉は誰の言葉でしょうか？　次から選びなさい」
　1. 孔子　2. シャカ　3. イエス（A. 1）※一斉挙手。

【その他の活用（発問）例】

・「温故知新」，「知らないことを自覚していること，それを『知っている』という（ソクラテスの「無知の知」と同じ！）」など，人間理解の宝庫！

主な参考文献

・宮崎市定『現代語訳　論語』岩波現代文庫，2000
・加地伸行『儒教とは何か』中公新書，1990

中国文明

6 始皇帝が死にたいくらいに憧れた人って誰？

導入ネタ

ネタ→授業化のヒント
始皇帝が敬愛した韓非子の法家思想は，郡県制採用など秦の国家体制に影響を与え，専制支配は始皇帝の生い立ちにも原因があった。

授業のねらい
秦の始皇帝の人物像や中国統一政策の内容が説明できる。

ネタ紹介＆導入方法
　「合理主義と法律」によって国を支配するという韓非子の書物を読んでファンとなった始皇帝は，念願の対面を果たす。しかし，あれほど憧れた韓非子は「口下手（発話障害）」であった。だが，始皇帝の国家ビジョンは，郡県制による中央集権制など韓非子などの「法家思想」に支えられた。始皇帝が，「人」ではなく「法」を信じた背景には，彼の家族関係も影響したであろう（実父不明，実母の不倫と弟の誕生と殺害など）。一方，身分に関係のない実力主義で秦の軍隊を強化した。車輪の幅統一，文字や度量衡の統一など「China」の語源となった。「秦」はその後の中国の基準となった。

・「Q．秦の始皇帝が中国を統一する前に，『この男と会って話ができたら，死んでもいい』と憧れた男を次から選びなさい」
　１．孔子　２．韓非子　３．孫子（A．２）※一斉挙手。

【その他の活用（発問）例】
・経済の発展と物の流通のために半両銭という円形で中央に四角の穴が空いた貨幣の統一は，その後の日本の貨幣鋳造の基準となった。ちなみに円形は「天」を四角は「地」を表すという。「天円地方」思想の影響がうかがえる。

主な参考文献
・『週刊100人 歴史は彼らによってつくられた　48始皇帝』デアゴスティーニ，2004
・尾形　勇，平勢隆郎『世界の歴史２　中華文明の誕生』中央公論社，1998

7 漢を建国した劉邦はどんな人？

中国文明

導入ネタ

ネタ→授業化のヒント

「漢字」など日本に多大な影響を与えた漢の建国者の劉邦の人望力は，「人情の厚さ・気前良さ・性格淡泊」，そして任侠(にんきょう)精神にあった。

授業のねらい 漢帝国を築いた劉邦の人物像が多様な視点から説明できる。

ネタ紹介＆導入方法

　劉邦は農民出身である。彼は若いころより任侠の世界に入り，多種多様な人間と関わってきた。また，彼は徹底的な「現実主義者」で，体感の人である。司馬遷の『史記』によると，劉邦は「人情に厚く，気前良く人に分け与え，性格はからっとしていた」という。一方で，中国では死闘に直結する仲間を「罵倒」する癖があったが，言われた者が禍根を残すことはなかったという。自分の能力不足を自覚し，仲間を徹底的に信頼した性格がうかがえる。

・「Q．リーダーに必要な性格や能力は何だと思いますか？」
　※挙手 or 指名。
・「Q．漢の初代皇帝の劉邦が，ある戦いで部下が逃げ出したときにとった行動を次から選びなさい」1．戦わずに降伏した　2．部下を逃がし，一人で戦った　3．自分もいっしょに逃げた（A．3）※一斉挙手。
・「彼はどのような性格だったのでしょうか？」※挙手 or 指名。

【その他の活用（発問）例】

・劉邦は身長180cm，『龍顔』の吉相，左股に72個のほくろ（縁起が良い！）。
・劉邦は言う。「自分が天下を取れたのは，『軍師は張良，将軍は韓信，行政は蕭何』という優れた人物に全権を与えたからだ」（『史記』）

主な参考文献

・佐竹靖彦『劉邦』中央公論新社，2005
・貝塚茂樹責任編集『世界の歴史1　古代文明の発見』中央公論社，1982

ローマ文明

8 古代ローマ帝国の公衆浴場（テルマエ）は，なぜ作られた？

導入ネタ

> ネタ→授業化のヒント
>
> 古代ローマの公衆浴場は，スポーツジムに近い。ローマ皇帝は戦略上，「水道」などインフラによる市民生活の充実を重視した。

授業のねらい インフラ整備を通してローマ帝国の特徴が説明できる。

ネタ紹介＆導入方法

　疲れてリフレッシュしたいときに行きたくなるのが，温泉である。古代ローマ人にとって，それ（公衆浴場＝テルマエ）は「社交場」であった。入浴前に球技などのスポーツをしたり，サウナに入った後に入浴するからである。現代で言えば，「スポーツジム」に近いだろう。また，入浴料も無料か格安の価格であった（兵士と子どもは無料）。皇帝が市民の人気取りのために造ったのが本来の目的だという。コロッセオでの奴隷と猛獣との戦闘ショーもその一つ。一方で，ローマ法を整備し，水道や橋などのインフラ公共事業は，実用性を尊ぶローマ帝国の特徴である。市民の生活充実が，皇帝にとって重要な政治戦略であった。市民と同じテルマエに入った皇帝もいたという。テルマエでの暗殺事件はゼロだった。
（映画「テルマエ・ロマエ」を視聴させる）「Q．ローマの公衆浴場について『間違っている』のを次から選びなさい」1．皇帝も民衆と入浴　2．兵士のみ無料　3．体育施設あり（A．2）※一斉挙手。ローマ帝国のキリスト教国教化以後，「裸体は悪」とする考えからテルマエはさびれていった。

【その他の活用（発問）例】
・水道や排水設備があり，「水洗トイレ」も作られた。

主な参考文献

・塩野七生『ローマ人の物語』新潮社，8巻「危機と克服」(1999)，9巻「賢帝の世紀」(2000)，10巻「すべての道はローマに通ず」(2001)

> ローマ文明

9 「ローマ帝国の英雄」シーザーはどんな人？

> 導入ネタ

> **ネタ→授業化のヒント**
>
> ローマ帝国の英雄シーザーは，外見は平凡であったが，豊かな教養と類まれなる政治力，経済力，軍事指揮力を備えた人物だった。

授業のねらい ローマ帝国を導いたシーザーを多様な視点で説明できる。

ネタ紹介＆導入方法

　「英雄，色を好む」。エジプト最後の女王クレオパトラとの恋で有名なローマ帝国の英雄「シーザー」もその一人であった。ただ彼の身体的特徴は，「背が低く，薄毛で丸刈りだった。貧しい家庭から市民と元老院の支持を権力基盤として上りつめた終身執政官の地位は，豊かな教養と人間的魅力，類まれな政治力と軍事指揮力，それに経済力が伴わなければ手に入れることはできなかったであろう。「ユリウス暦，誕生月名（7月），皇帝」などの名は，帝政への過渡期の共和政を導いたシーザーに由来している。そして，最後は劇的な死が待っていた。「ブルータスよ，お前もか！」。

・「Q．ローマ帝国の英雄にシーザーがいます。彼のヘアースタイルを次から選びなさい」

　1．丸刈り　2．ロングヘアー　3．天然パーマ（A．1）※一斉挙手。

【その他の活用（発問）例】

・クレオパトラは，絶世の美貌と数か国語が話せるその知性でシーザーの心を虜にし，エジプトは独立を保てた。クレオパトラはバラを好み，入浴や食用にも用いた。さらにバラの使用を独占し，他の者の使用を禁止した。しかし，シーザー亡き後，ローマ帝国に攻められ，「知恵と再生の象徴」であった毒蛇に胸を噛ませて自殺した。

主な参考文献

・桜井万里子，木村凌二『世界の歴史5　ギリシアとローマ』中央公論社，1997

1世紀

10 キリスト教では「パンとブドウ酒」は何の象徴？

導入ネタ

ネタ→授業化のヒント

現代において日常的な飲食物である「パン」や「ブドウ酒」は，キリスト教にとって教義内容の核心を象徴するものであった。

授業のねらい イエスの教えや行動からキリスト教の内容が説明できる。

ネタ紹介＆導入方法

クリスマス（イエス生誕を祝う祭日）を知っていても，イースター（キリストの復活を祝う最重要な祭日。「新生」を意味する「卵」が重要！）を知る人は少ない。そもそもなぜイエスは十字架にかけられたのか？　それをイエス自身が処刑前夜の12人の弟子たちとの「最後の晩餐」で象徴的に明示している。イエスは弟子たちにパンを与え，杯に「ブドウ酒」を注ぐ。パンはイエスの「からだ」，ブドウ酒はイエスの「血」であるとイエスは言った。十字架の磔刑は，人間が生まれながらにもつ「原罪」をイエス自らが一身を捧げて贖（あがな）うための行為だった。教会の儀式で見られるパンとブドウ酒の飲食は，神の子イエスの教えを体感することであった。

（レオナルド・ダ・ビンチの絵画『最後の晩餐』を見せる）

・「Q．キリスト教の儀式で必要な食べ物と飲み物は何だと思いますか？」
・「Q．パンとブドウ酒はあるものを象徴しています。それは何ですか？」
・「Q．パンとブドウ酒を飲食する意味は何ですか？」※以上，挙手or指名。

【その他の活用（発問）例】

・「Q．キリストとはどういう意味？」（香油を注がれた尊い人）。
・イエスは預言者として活動する前に40日間，洞窟にこもり，悪魔の誘惑（人間の欲望）と戦い勝利した（シャカの悟りのときと同じ！）。

主な参考文献

・村川堅太郎『世界の歴史2　ギリシアとローマ』中央公論社，1974
・山形孝夫『聖書物語』岩波ジュニア新書，1982

弥生時代

11 弥生時代のお酒は，米に何を入れたのか？

導入ネタ

ネタ→授業化のヒント

米の自然発酵は「唾液」で行っていた。米の価値的高さから米は貸し借りされた。

授業のねらい 弥生時代の米の加工技術と信仰心が説明できる。

ネタ紹介＆導入方法

　酒は米を原料とされることが多い。弥生時代で始まった稲作は，食糧生産力の向上により身分制社会と戦いの開始による国家形成など，社会構造を大きく変えた。その米は多様な価値をもっている。まず酒づくりの方法は，米を口に含んでよく噛み，容器にもどして一晩以上おく。その過程で唾液成分であるジアスターゼなどの澱粉分解酵素による自然発酵が起こり，酒ができるというものであった（『大隅国風土記』）。また，口に含んで噛むのは「巫女」であったということで，酒づくりに巫女という宗教的人物が介在している。神社に奉納されたお酒は，現在でも「お神酒」というように，生命の源である「米」づくりは神聖なものであった。また，米は長期保存が可能で価値も高いので，「米の貸し借り」がなされるようになった。後に大化の改新以降に実施される租税としての「出挙（すいこ）」になっていくのである。

・「Q．弥生時代のお酒をつくるとき，米に入れたものを次から選びなさい」
　1．汗　2．唾　3．涙（A．2）※一斉挙手。

【その他の活用（発問）例】

・「『魏志倭人伝』によれば，どういうときに酒を飲んだのか？」（葬式）。
・「米の使い途として他に何がある？」（他の物との交換，貸し借りなど）。

主な参考文献

・中村啓信　監修訳注『風土記』上下，角川ソフィア文庫，2015
・水上宏明『金貸しの日本史』新潮新書，2004

弥生時代

12 卑弥呼が呪術で使用した果物とは何？

導入ネタ

> **ネタ→授業化のヒント**
>
> 大型神殿跡から発見された大量の果実遺物は，邪馬台国の女王卑弥呼の呪術性と祭政一致の邪馬台国を彷彿とさせる。

授業のねらい 果物遺物や『魏志倭人伝』から邪馬台国の特徴が説明できる。

ネタ紹介＆導入方法

　現在，邪馬台国の有力候補地である奈良県の「纒向遺跡」は，卑弥呼の墓とされる「箸墓古墳」にも近い。また，人や物資運搬などの水上交通としての水路が遺跡内に張り巡らされており，都市としての規模と機能を有していたとされる。さらに，遺跡内には竪穴住居ではなく高床式の建物が多く，巨大な神殿跡と思われる高床式の建造物跡も発見されている。

　巨大神殿跡では，大量の「桃の実」が発見され，呪術で使用したとされる。桃は古代中国の神で「西王母」を象徴する果実で，幻覚作用を引き起こす麻薬効果が確認されている。

・「Q．呪術で使用されたとされる食物が，奈良の纒向遺跡で大量に見つかりました。何の果実でしょうか？　次から選びなさい」
　　1．桃　2．梅　3．ぶどう（A．1）※一斉挙手。
・「Q．なぜ桃の実だったのでしょうか？」という発問と『魏志倭人伝』の記述（「呪術を遣い，よく衆を惑わす」）から自由に考察させる。※指名or挙手。

【その他の活用（発問）例】
・「卑弥呼」は中国の『魏志倭人伝』に見える呼称。「卑」の文字が示すように，蔑称の意味合いをもっているとされる。また，「弥呼」は現在の「巫女」とされ，「巫」は「天（神の意思）と地（人）をつなぐ人の意」とされる。

主な参考文献
・『新発見！日本の歴史08　邪馬台国と卑弥呼の謎』朝日新聞社，2013

縄文・弥生時代

13 縄文時代と弥生時代，住むとしたらどっち？

AL ネタ
判断型（意思決定）

> **ネタ→授業化のヒント**
> イラストから衣食住や精神生活を観察し，そこから自由に解釈し，価値判断する。特に，食生活について現代との関連性に気づかせたい。

授業のねらい 縄文・弥生時代を大観し，論理的思考・判断力を育成する。

ネタ紹介＆指導過程（1時間）

　縄文時代の人々がよく食べていたのは，タンパク質など栄養価の高い「ドングリ」や「クリ」などである。ただ，ドングリは苦味がきつすぎて生のままでは食べられない。そこで，縄文土器である。貯蔵だけでなく，「灰汁抜き」のために煮炊き用の道具が必要であったのである。現在でも秋の味覚として「栗ごはん」などで現代人も食している。さらに近年，三内丸山遺跡の調査でもわかってきたように，縄文人は栗などの木の実を「栽培」していた。それが，大規模集落の形成と定住化につながったとされる。

　弥生時代に伝来した稲作は，社会構造を変革し，クニ（国）の形成を促した。ここでは，ネタ11でも触れたように，弥生の象徴である「米」の宗教性に注目したい。イラストによく掲載される「高床倉庫」は，後に神社の社殿の源流となる。それは，収穫した米がもつ生命維持性と長期保存が可能というその「神秘性」が「神」の存在を連想させたのかもしれない。現在でも，祠（ほこら）が「穂倉（ほくら）」の語源として，神社に納めるお金を「初穂料」と呼ぶなどの名残りがある。そこで「神」への祭礼儀式が生まれた。

①導入「Q．縄文時代人が主食にしていた食べ物は何ですか？」
　「Q．弥生時代の高床倉庫の形は，現代ではどこで見られますか？」
　※挙手or指名。
②イラスト（教科書にある両時代のイラスト観察＆自由記述）
③個人思考
④小集団意見交換＆全体発表

☆⑤〔課題表示〕「もし，自分が住むとしたら縄文・弥生のどちらの時代に住むか？　その理由（根拠＝時代の特徴記述や自分の価値観）をしっかり論理的に（意味が通るように）記述しなさい」
⑥小集団で意見交換＆全体発表
※全体で意思決定の傾向（人数）確認とその理由を発表する。挙手 or 指名。

【生徒の回答例】
＜縄文時代を選択した生徒＞
・狩りや採集が中心で食生活が不安定だけど，平等な社会が一番。苦楽を分かち合える。飢え死には嫌だけど，みんなと死ぬのならしかたない。
＜弥生時代を選択した生徒＞
・戦争があり，治安が悪い社会だけど，米づくりが始まり定住で安定した生活ができる。戦争を避けるためにリーダー中心に協力していきたい。

【評価規準・判定基準＜思考・判断・表現力＞】
※上記☆印の発問記述を下記の評価規準と判定基準で評価する。以下同じ。

評価A（十分満足）	評価B（おおむね満足）	評価C（指導の手立て）
縄文・弥生時代の特徴（身分・米づくりなど）を踏まえて比較し，自己の価値観を論理的に記述できている。	選択した時代の特徴（身分・米づくりなど）を踏まえ，自己の価値観を論理的に記述できている。	縄文・弥生時代の特徴を教科書で復習させ，自分が生きてみたい社会の優先順位（価値観）を考えさせたい。

■ 主な参考文献
・『新発見！日本の歴史49　日本人はどこから来たか』朝日新聞社，2014
・『新発見！日本の歴史50　稲作の伝来と普及の謎』朝日新聞社，2014

古墳時代

14 前方後円墳の「方形」は何のためにあるのか？

AL
ネタ

探究型

ネタ→授業化のヒント

前方後円墳は，王の権力を「見せる」装置であり，交通の要衝に築造された。さらに王の「首長霊継承儀式」の舞台装置でもあった。

授業のねらい 前方後円墳の役割を多様な視点から考察し，説明ができる。

ネタ紹介＆指導過程（1時間）

　権力の大きさを象徴するその巨大さとは別に，その役割や形が謎であった。
　最近の研究では，前方後円墳は，巨大な墳丘と葺石や埴輪などビジュアル性を特徴としており，海や港などの交通の要衝に立地されるなど政治的（権力の象徴性），宗教的（首長霊継承儀式）に「見せる」巨大な舞台装置と考えられている。埋葬施設である後円部で深夜に秘儀が行われた。前王の亡骸が魔除けとされる朱色に塗られた棺に入れられる。そして新王となる者が禊をすませて亡き王の棺の側に横たわる。前王にかけられた寝具の「真床覆衾（まどこおふすま）」が新王にかけられ，亡き王の霊が新王の肉体に付着するように女性祭祀者たちが銅鏡を使って呪術を行う。やがて太陽が東から昇り，首長霊の継承の秘儀は終わる。この後，新王は後円部と前方部とを連結したスロープを使って前方部に進み，その先端部で新王の即位を宣言する。その様子を下から仰ぎ見守っていた民衆たちが，新王の即位を認知するという。ところで，前方後円墳の形は，中国の「天円地方」説に基づいて築造されたと考えられている。円形が「天」を表し，方形が「地」を表す。後円部に葬られた前王は，天に帰り国の守護神となる。新王は方形部で即位を宣言し，支配者となる。

①導入（人物埴輪を見せる）「Q．前方後円墳から発見されている人物埴輪のヘアー・ファッションを何というか？　次から選びなさい」１．かづら　２．しずら　３．みずら（A．3）※一斉挙手。

　「Q．前方後円墳では日本一の『大仙古墳』の大きさは，本校がいくつ入りますか？」※当該校の大きさから計算して発問。大仙古墳（仁徳天皇陵）

は墳丘全長486m，古墳の陵域47万㎡。世界三大墳墓の一つに数えられる（エジプトのクフ王のピラミッド，中国の始皇帝陵）。（出典：堺市のHP）

☆②課題提示「Q．前方後円墳の『方形』は，何のために造られたと考えられますか？」※個人思考。

③小集団による情報交換＆討論

④小集団意見交換＆全体発表

【生徒の回答例】 後円部にいくための通路／王の手下が葬られた／王の葬式を行った／王の住居跡を埋める／祈りや供養する場所／「人の形」を表したかった（今でいうユニバーサルデザイン）

⑤（「女王卑弥呼はどこから来た？九州説と近畿説，邪馬台国論争に新たな説が！」NHK『歴史秘話ヒストリア』を視聴させる）

・前方後円墳がもつ政治的意味（交通の要衝に築造し権力を「見せる」装置）と宗教的意味（首長霊継承秘儀，中国の「天円地方」思想の紹介，方形部の政治的演出装置）

☆【評価規準・判定基準＜思考・判断・表現力＞】

評価A（十分満足）	評価B（おおむね満足）	評価C（指導の手立て）
中国文明の古墳との比較や葬送の儀式をヒントに方形部分の役割に対するアイデアを記述している。	葬送の儀式をヒントに方形部分の役割に対するアイデアを記述している。	教科書で前方後円墳の特徴を理解した上で葬送の儀式の一般の流れを考えさせる。その後，前方後円墳の役割を考えさせたい。

▶ 主な参考文献 ◀

・広瀬和雄『前方後円墳の世界』岩波新書，2010
・寺沢　薫『日本の歴史02　王権誕生』講談社，2000

15 聖徳太子の政策で一番評価できるのは何か？

飛鳥時代

判断型（評価）

ネタ→授業化のヒント

天皇中心の国づくりを目指した聖徳太子の諸政策は，蘇我馬子との緊張関係（崇峻天皇暗殺など）という社会状況の中で行われた。

授業のねらい 聖徳太子の政策を多様な視点から考察・評価し，飛鳥時代を大観できる。

ネタ紹介＆指導過程（1時間）

　592年の崇峻天皇暗殺事件後，即位した最初の女帝推古天皇は，摂政の聖徳太子（厩戸皇子）と大臣蘇我馬子による共同統治体制を始めた。これは，崇峻天皇を暗殺した馬子と天皇家との緊張関係に起因している。豪族同士の争いで天皇の権威と権力が未だ確立してない状況にあった。聖徳太子は，冠位十二階による天皇中心の秩序体制（馬子は冠位の授与者側）と身分（姓）に関係ない人材登用を行った。また，憲法十七条による君臣間の礼儀などを定めた儒教思想の推進と仏教など諸思想の融合による平和構築を目指した。さらに，遣隋使の派遣による東アジア世界の天皇の権威向上と先進文化の摂取を図るため政策を実行した。

①**導入**「Q．食事のときに聖徳太子が使い始めたものとは何でしょうか？」
※挙手or指名。「答えは箸です。聖徳太子は，それまで手で食べていた習慣を，朝廷での食事では箸を使って食べるように変えたと言われています。小野妹子らを遣隋使に派遣しましたが，彼らが，隋から持ち帰ったものの一つが，箸であったのです。箸の歴史はそこから始まりました」

②**課題提示**「Q．聖徳太子の政策（政治目標を実現するための考え方や方法）＜1．冠位十二階　2．憲法十七条　3．遣隋使の派遣＞の中で，あなたが一番評価できる政策は何ですか？　考えるときの一つの基準は『天皇中心の国づくりを目指す』という聖徳太子の政策目標です。いろいろな視点から論理的に（意味が通るように）考えて記入しなさい」

☆③個人思考　ワークシートに記入。※ワークシートには,「トゥールミン・モデル」に従って考えを記入できるように配慮しておく。トゥールミン・モデルとは,「思考を論理的に支援する」方法である。

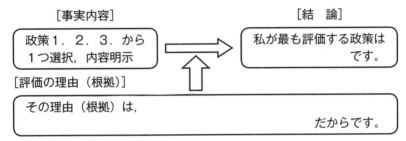

④小集団情報交換＆全体発表
【生徒の回答例】
「冠位十二階」選択理由：国の発展のためには能力重視の人材が必要など。
「憲法十七条」選択理由：国の将来像を描き示すことから政治は始まるなど。
「遣隋使の派遣」選択理由：国の発展のために進んだ文化の吸収が必要など。
⑤各自の最終評価の再検討と学習のまとめ
☆【評価規準・判定基準＜思考・判断・表現力＞】

評価A（十分満足）	評価B（おおむね満足）	評価C（指導の手立て）
当時の社会状況と聖徳太子の政策知識を踏まえて自己の価値観を論理的に記述できている。	聖徳太子の政策知識を踏まえつつ,自己の価値観を論理的に記述できている。	教科書で聖徳太子の政策知識を復習して,自分が大切と思う政策を選択させる。

主な参考文献

・吉村武彦『日本の歴史3　古代王権の展開』集英社，1991
・一色八郎『箸の文化史　世界の箸・日本の箸』御茶の水書房，1990
・直木幸次郎『日本の歴史2　古代国家の成立』中公文庫，2004

16 7世紀 『コーラン』では，男性が複数の女性と結婚できるのはなぜか？ 導入ネタ

ネタ→授業化のヒント

『コーラン』で示された複数の女性との妻帯は，アラブ世界で多かった戦いなどによる孤児の増加を防止する目的があった。

授業のねらい 『コーラン』を通してイスラム教の特徴が説明できる。

ネタ紹介＆導入方法

7世紀，メッカの商人ムハンマド（「栄誉ある者」）が創始したイスラム（「神に仕える者」）教は，聖書に基づくキリスト教に類似している。イエスに神性（神の子）を認めずただの預言者とし，ムハンマドという最後の預言者を通して神の啓示である『コーラン』（「読まれるべきもの」）が示された。この点は，古来，教義上キリスト教と決定的な対立要因ともなっている。戦いの多いアラブ世界は，未亡人や，戦禍による孤児が増加した。ムハンマドも孤児であった。自身の辛酸な経験から「孤児」には同情的で，『コーラン』にも孤児を大切に扱う記述が複数ある。その一つとして，孤児の養育上必要であれば，男性は4人まで女性を妻にしてもよいと『コーラン』は示している。ただ，複数の妻に対する「公平な態度」が条件であった。

・「Q．イスラム教は，男性に4人まで女性との結婚を認めたが，それはなぜか？ 次から選びなさい」1．女性が多かったから　2．孤児が多かったから　3．男性のほうが地位が高かったから（A．2）※一斉挙手。

【その他の活用（発問）例】

・イスラム教は倫理的性格が強い。「飲酒」や「双六などの賭け事」は人を惑わす行為として禁止された。性悪説に立った人間観が読み取れる。

主な参考文献

・井筒俊彦『イスラーム生誕』中公文庫，1990
・井筒俊彦訳『コーラン』上・中・下，岩波文庫，1957（下巻は1958）

飛鳥時代

なぜ中大兄皇子は天皇になるのが遅かったのか？

導入ネタ

> **ネタ→授業化のヒント**
> 古代の婚姻習慣は，現代のそれとは全く異質なものであった。

授業のねらい 中大兄皇子の家族関係を例に古代の婚姻習慣が説明できる。

ネタ紹介＆導入方法

　『日本書紀』によれば，蘇我氏滅亡の立役者の中大兄皇子は，皇位ほしさに事を起こしたと思われないために皇太子の地位についた。その後，難波宮で孝徳天皇と不仲になり飛鳥にもどったが，そのとき共に行動したのが，中大兄皇子の妹で孝徳天皇の妻であった間人皇女である。実は，中大兄皇子と間人皇女は，恋愛関係にあったとする説が提起されている。その根拠の一つとされているのが，孝徳天皇の間人皇女に対する未練と恨みをこめた和歌である（『万葉集』掲載）。当時，母親を同じくする兄弟姉妹間の恋愛・結婚はタブー視されていた。実際，彼が即位したのは間人皇女の死の直後であった。事実とすれば，現代では考えられない行為である（民法では近親間の婚姻を４親等＜いとこ＞からとしている）。

（中大兄皇子に関連する「系図」と「年表」を提示して）

・「Q．大化の改新以来，中大兄皇子が大津京で天智天皇になるまで23年の月日が流れました。なぜ，天皇即位が遅かったのですか？」※挙手 or 指名。
・「これは，大化の改新で天皇になった孝徳天皇の和歌と現代語訳です。この歌と系図から孝徳天皇と中大兄皇子の関係を推理してみましょう」

【その他の活用（発問）例】

・中大兄皇子は，弟の大海人皇子の妻である「額田王」を譲ってもらった。天智天皇の妻となった額田王の和歌を紹介する。（『万葉集』掲載）

主な参考文献

・直木孝次郎『日本の歴史２　古代国家の成立』中公文庫，2004

> 飛鳥時代

18 なぜ持統天皇は全国に伸びる道路をつくったのか？

AL
ネタ
探究型

ネタ→授業化のヒント

持統天皇が行った全国道路網の整備は，国内的には天皇の権威と支配体制を確立し，対外的には安全保障上の対策であった。

授業のねらい 古代道路網の役割を多様な視点から考察し，説明できる。

ネタ紹介＆指導過程 （1時間）

　天皇による全国支配には，天皇の命令が迅速に伝わるような通信・交通システムが不可欠であった。大化の改新以来，「駅伝制（陸上の『駅伝』の名称の起源とされる）」が全国に整備され始め，その本格的な全国展開は，天武・持統天皇の時代であったとされる。藤原京の朱雀大路は20mの幅で，そこから全国に6000km以上の道路（七道駅路＜東海道など7つの駅路＞）が幅12mで造られた。天皇の権威を全国に知らしめる効果もあった。七道駅路は，16kmごとに駅家（伝達中継の役所）と駅馬（伝達用の馬）が置かれた。そしてこの七道駅路の特徴は「計画性と直達性」にあった。遠い目的地にねらいを定めて計画的に直線的に道路を造っていく。たとえ，山があっても切り開き，谷があっても埋めた。これは，現在の「高速道路」の性格と同じであり，古代の七道駅路と現在の高速道路とは重なる部分が多い。また，発掘調査から高速道路のIC（インターチェンジ）の場所も，駅家の場所と重なることが多い。駅家の設置場所は，「水が得やすい場所」が条件であった（人馬の配置に必要なため）。

①導入クイズ「藤原京の朱雀大路は，幅何mか？」1．10m　2．15m　3．20m（A．3）※一斉挙手。
（次頁の図を見せて）「Q．持統天皇が藤原京を起点に全国に道路網をつくった。この図からわかることは何か？」（A．高速道路と重なっている）
☆②課題提示「Q．この図でもわかるように，古代の道路は直線道路が多かった。なぜ，道路を直線にしようと考えたのか？　高速道路の役割や当時

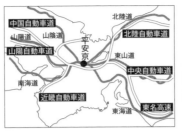

近畿地方の古代道路と
高速道路の路線構成

の国内外の環境などを視点に考えよう！　まずは個人思考です」

③小集団意見交換＆全体発表

【生徒の回答例】

　天皇の命令が速く各地に伝わるため／全国の物や税などを素早く藤原京に運べるように／（白村江の戦いで唐や新羅に敗れたので）敵が攻めてきたらすぐに兵を移動させるため／天皇の偉さを示すため／天皇が各地を視察するときに便利なため

☆【評価規準・判定基準＜思考・判断・表現力＞】

評価A（十分満足）	評価B（おおむね満足）	評価C（指導の手立て）
古代の道路が直線的に造られている理由を既習事項（白村江の戦いなど）を踏まえつつ天皇権威・軍事・流通などの視点を踏まえて記述できている。	古代の道路が直線的に造られている理由を天皇権威・軍事・流通などの視点を踏まえて記述できている。	道路の役割を適宜ヒントによる支援を行いつつ考えさせるとともに、教科書で歴史の流れを理解させる。

◆主な参考文献▶

・武部健一『道路の日本史　古代駅路から高速道路へ』中公新書，2015
・『新発見！日本の歴史10　飛鳥・藤原京の理想と現実』朝日新聞社，2013

19 飛鳥時代　天武天皇の趣味は何？

導入ネタ

ネタ→授業化のヒント

国家統一の権力者は，中国の始皇帝と同じく，必ず富の象徴である「貨幣」を鋳造・統一し，流通させようとした。

授業のねらい

強大な天皇権力を目指す天武天皇の国家づくりの特徴が説明できる。

ネタ紹介＆導入方法

奈良県の「飛鳥池工房遺跡」から発見された「富本銭」の鋳造年代は，天武天皇の時代の可能性が高い。始皇帝の例でもわかるように，国内統一した権力者が行うのが「貨幣の鋳造と統一」である。天皇中心の国家体制づくりを目指した天武天皇の重要政策と言えよう。一方で，富本銭は，モノとの交換だけでなく，お賽銭のような儀式時に使用する「厭勝銭」（銭をかたどったお守り）としての機能があったとの考えも提起されている。さらには，天武天皇の個人的趣味に使用されたかもしれないというように，イメージは膨らむ。

・「Q．『日本書紀』によれば天武天皇が楽しんだ遊戯は何か？」
　1．将棋　2．囲碁　3．双六（A．3）

天武天皇は「博戯（双六）をして楽しんだ」（『日本書紀』）とある。その4年後に「双六禁止令」が出された点から「お金」をかけていたと思われる。そのお金が富本銭だった可能性もある。

・「Q．富本銭は貨幣としてモノとの交換以外にどのように使われたと思いますか？　身近な習慣をヒントに考えましょう」※挙手 or 指名。

【その他の活用（発問）例】

・「天武天皇は，『占い』の術が得意であった」（『日本書紀』）

主な参考文献

・今村啓爾『日本古代貨幣の創出』講談社学術文庫，2015
・水上宏明『金貸しの日本史』新潮新書，2004

奈良時代

20 黄泉（よみ）の国からこの世に帰ってきたイザナギは，最初に何をしたか？

導入ネタ

ネタ→授業化のヒント

『古事記』からケガレを嫌い祓（はら）う「神道」の成立背景を読み解く。

授業のねらい
古代の人の「ケガレ」に対する考え方が説明できる。

ネタ紹介＆導入方法

　神話は，国柄を表すという。国生みの神話で有名な『古事記』では，妻のイザナミを失い，寂しさのあまり夫のイザナギが黄泉の国まで会いに行った。変わり果てた妻の姿を見たときのイザナギの驚きと恐怖に怯えた描写は，とてもリアルである。やっとのことでこの世にもどってきたイザナギがまずしたことは，「禊（みそぎ）と祓（はらい）」であった。そこからアマテラスなどの神々が生まれた。そして神道は，ケガレを忌避する宗教となった。現在でも神社に参詣すると，まず水で手を洗い，口を濯（ゆす）ぐ作法は，そのためである。

※最初に宮崎駿監督『千と千尋の神隠し』の「湯屋」にやってくる「八百万の神々」のシーンを視聴させる。

・「Q．イザナギノミコトが黄泉（死後）の世界からこの世に帰ってきたとき，最初にしたことは何か？　次から選びなさい」1．体を洗った　2．食事をした　3．眠った（A．1）※一斉挙手。
・「Q．なぜ体を洗ったのだろうか？」※挙手 or 指名。
「A．死者のケガレがついたと考えたから。現在でも，神社に行くと手洗いや口濯ぎの習慣が残っている」

【その他の活用（発問）例】

・「イザナギとイザナミとが最初に生んだ島は何という島ですか？　次から選びなさい」1．小豆島　2．淡路島　3．佐渡島（A．2）

主な参考文献

・中村啓信訳注『新訂古事記　現代語訳付き』角川ソフィア文庫，2009
・末木文美士『日本宗教史』岩波新書，2006

奈良時代

21 古代の罪と罰 歴史法廷「漆盗み事件」を裁く！

ALネタ

探究型

ネタ→授業化のヒント

父親の身代わりを申し出た子の「孝行心」に免じて、元正天皇は父親を無罪にした。天皇は儒教精神をもつ律令を超越する存在であった。

授業のねらい 律令の特徴を多様な視点から考察し、説明できる。

ネタ紹介&指導過程（2時間〔①～④1時間、⑤～⑦1時間〕）

[事件の概略] 資料の出典：『続日本紀』

　8世紀の平城京で国家財産である「漆」が2人組の大蔵省の下級役人（路石勝と秦犬麻呂）に盗まれた。律令では、重罪（「流刑・死刑」以上の罪）は刑部省での判決案作成を経て太政官でのチェックと天皇の裁可という手続きをとる。ちなみに盗みの罪は「布に換算」した量の多少によって刑が決まる。今回の事件の場合、「流刑」に相当する。ところが、路石勝の子どもたち（3人）が、父の刑罰の身代わりを嘆願してきたのである。

①**概略説明&導入クイズ**「Q. 元正天皇について間違っているものを次から選びなさい」1. 男前　2. 美人　3. 聡明（A. 1）※一斉挙手。

②**課題提示**「Q. 元正天皇はこの事件をどのように裁いたのだろうか？」

・生徒はワークシートに「ファースト・ジャッジ」をその理由とともに記入する（生徒の素の価値観が表れる。その後の認識変容をみるため）。

③**事実認識**「Q. 律令の裁判はどのような手続きで行われるのか？」「Q. 律令で盗みの刑罰は何か？」律令の規定や手続き及び「犯人の子どもの嘆願書」の資料の読解。

④**価値判断**「Q. 元正天皇はどう裁いたのか？　また、その判決理由はどのようなものだったのだろうか？」※個人思考。

【生徒の回答例】「2人とも流刑」「嘆願書が出た犯人は減刑」するなど。

⑤**小集団による情報交換・討論&ファイナル・ジャッジ**

・各自の判決予想とその理由を交換し合い、各自の意見についての質疑応答

を行う。その後，ファイナル・ジャッジ（最終判決）を行う。

⑥**各自のファイナル・ジャッジの全体発表と元正天皇の判決**
・子どもの嘆願書が出た犯人（路石勝）は無罪。子どもが親の身代わりとして奴隷になったが，1か月後に元の良民にもどされた。家族の嘆願書が出なかったもう一人の犯人（秦犬麻呂）は，規定通り「流刑」となった。

☆⑦**時代認識**「Q．なぜ，元正天皇はこのような判決を出したのだろうか？その判決理由とは何か？」
・小集団での情報交換後に全体発表。その後，「元正天皇の判決は，子どもたちの『孝行心』によるものである」との資料を紹介する。
・「Q．元正天皇が言った『孝行心』とはどのような教えか？」
・既習事項の「儒教」である。聖徳太子の「憲法十七条」にも示されたように，国家形成の思想的支柱であったことを想起させたい。
・「Q．天皇は律令に従わなくてよいのだろうか？」
・「天皇は特別！」とういった生徒の回答が予想される。律令の儒教的性格と天皇の超法規的存在及び現代の法や裁判制度との相違性に着目させたい。

☆**【評価規準・判定基準＜思考・判断・表現力＞】**

評価A（十分満足）	評価B（おおむね満足）	評価C（指導の手立て）
律令による2人の判決の違いについて説明し，儒教的考え方（孝行）が判決理由であることが記述できている。	儒教的考え方（孝行）が判決理由であることが記述できている。	子が親の身代わりになるという行為の意味を考えさせたい。

▶**主な参考文献**
・石井良助『刑罰の歴史』明石書店，1992
・青木和夫『日本の歴史3　奈良の都』中公文庫，1973

奈良時代

22 なぜ行基は朝廷から弾圧されたのか？

AL ネタ

探究型

> **ネタ→授業化のヒント**
>
> 架橋，餓死者防止の布施屋の建設など，行基の社会救済事業は菩薩行であった。彼を慕う民衆を導く力は朝廷をも動かした。

授業のねらい 行基を通して奈良時代の生活と信仰を考察し，説明できる。

ネタ紹介＆指導過程（2時間〔①〜②1時間，③〜④1時間〕）

①**導入クイズ**「Q．行基は当時から何の菩薩（衆生救済のために修行する僧）の化身と敬われていたか，次から選びなさい」1．観音菩薩　2．文殊菩薩　3．地蔵菩薩（A．2）。「行基は母親の影響で幼少のころより『智慧第一』の文殊菩薩を信仰していました」

②**奈良時代の税負担の調査**（NHK 古代ドラマ「大仏開眼」の「農民の逃亡を役人が取り締まる」シーンを視聴させて）「Q．なぜ追われているのでしょうか？　追われている人は誰でしょうか？」※挙手 or 指名。

【生徒の回答例】　ものを盗んだ／人を傷つけた／農民，盗賊団

「逃げている人たちは，土地を捨てて逃げてきた人たちです。当時，朝廷は6歳以上の男女たちに口分田を与え，税を課していました。奈良時代の税にどのようなものがあるか，整理してみましょう」

「Q．朝廷が貸した税は重いですか軽いですか？」※挙手 or 一斉挙手。

【生徒の回答例】

租の負担は3％なので軽い／6歳ぐらいの男女が口分田を耕作するのは難しい／モノの税より，労働や庸や調を平城京に持参するのが大きい負担／一家の中心である男子が兵役にとられたら残された家族で耕作はできない

「奈良時代の税は，モノの負担より，耕作に関わる労働や運脚とよばれる庸・調を運ぶ人，兵役などが大きな負担で，逃亡し，浮浪人となる人が多かったのです。次に行基に関する DVD を視聴してください」

（「大仏開眼」の「行基が橋を架けているシーン」を視聴させて）

☆課題提示「Q．行基は彼を慕う多くの民衆と共に橋だけではなく，病気や飢えて倒れた人を世話する簡易宿泊施設もつくりました。ところが，朝廷は行基の行いを非難したのです。それはいったいなぜなのでしょうか？」

③小集団意見交換＆全体発表

【生徒の回答例】　朝廷がやるべきことを勝手にやる行基は，朝廷を軽く見ている／行基が有名になり，民衆の朝廷への不満が高まるのを怖れたから

④解説＆学習のまとめ

　「律令の定めでは，僧は寺から出て民衆に教えを説いてはならないとされていました。国家安全や天皇の健康のために祈ること（仏教による鎮護国家思想）が僧の勤めとされていたので，行基が民衆と交わり大きな集団（1000人以上）となって人々を指導していく姿に，朝廷は警戒感をもっていました。また，行基は自分に従った者の中で希望者を出家させていました。勝手に僧や尼になることは律令違反でした。朝廷が定めた方法でしか僧とは認められなかったのです。こういった行基の行為は，律令による身分秩序を脅かすものでした。しかし，繰り返される飢饉や疫病の流行，百姓らの逃亡による口分田の荒廃，人口増加による口分田不足は，開墾や灌漑設備などのために，行基の民衆動員力が必要とされていきました。そして聖武天皇は行基に会って大仏建立への協力を依頼したのでした。後に聖武天皇は行基の指導で出家し，彼を僧の第一人者である大僧正に任命しました」

☆【評価規準・判定基準＜思考・判断・表現力＞】

評価A（十分満足）	評価B（おおむね満足）	評価C（指導の手立て）
行基弾圧の理由を複数の既習事項（税など）を踏まえて記述できている。	行基弾圧の理由を既習事項（税など）を踏まえて記述できている。	行基の社会事業内容を教科書や資料で確認させ，予想させる。

　主な参考文献

・速水　侑編『民衆の導者　行基』吉川弘文館，2004

平安時代

ライバル対決！
最澄 VS 空海

導入ネタ

> ネタ→授業化のヒント
>
> 山林修行を重視し，政治との距離感を図った最澄と空海は，人間の仏性を認め，後の時代の民衆仏教の可能性を開いた。

授業のねらい 最澄や空海を通して平安仏教の特徴が説明できる。

ネタ紹介＆導入方法

　最澄と空海は共に遣唐使船で留学し，互いの才能を認め合った。その後，教学や信仰スタイルなどの相違から不仲となった。最澄は法華経を重視し，「すべての人は仏になれる」という革新的な教えを説き，天台宗を開いた。空海は真言密教の修行により「即身成仏（生身のまま仏になれる）」の教えを説いた。いずれも，平安後期の「民衆救済」への道の可能性を開いた。

・「Q．空海の名前はどこでつけたのか，次から選びなさい」
　1．生まれた場所　2．遣唐使船　3．修行場所（A．3）※一斉挙手。
　※高知県の室戸岬の洞窟で，空と海のみを見つめて修行をしていた。空海はその過酷な修行で「虚空蔵求聞持法」（記憶法）を体得したという。

・「最澄は比叡山での修行経験から，比叡山に何年籠ることを定めたか？次から選びなさい」
　1．6年　2．9年　3．12年（A．3）※一斉挙手。

【その他の活用（発問）例】

・仏教の社会的救済事業の理念から，最澄は自らの手当（給料）を使って地方の橋などの修繕に力を尽くした。空海も農業灌漑用の池などを民衆とともに修築している。奈良時代の行基の行動理念が平安初期でも生きている。

主な参考文献

・『新発見！日本の歴史14　平安仏教と王権の変容』朝日新聞社，2013
・北山茂夫『日本の歴史4　平安京』中公文庫，1973

平安時代
24 ライバル対決！ 紫式部 VS 清少納言

導入ネタ

> **ネタ→授業化のヒント**
> 平安貴族の2人の才女は好対照な性格だった。ただ共通点は，自己表現行為としての「書くこと」で，あふれる才能を開花させた。

授業のねらい 紫式部や清少納言を通して平安女性の価値観が説明できる。

ネタ紹介&導入方法

　清少納言は『枕草子』にあるように，勝気で教養を感じさせる当意即妙な対応が得意だったようだ。一方，紫式部は控え目で，自身の深い学識も表に出さないようにふるまっていたという。しかし，彼女の日記からうかがえる清少納言への厳しい人物評価は，紫式部の激しい一面を感じさせ，かなり意識していたことを感じさせて興味深い。なお，両人の晩年はそろって不明である。

- 「Q．紫式部の清少納言に対する印象を次から選びなさい」1．優れた女性　2．平凡な女性　3．高慢な女性（A．3）※一斉挙手。
- 「清少納言の『枕草子』からわかる彼女の性格で，正しくないのはどれでしょうか？」1．一番でないといや！　2．下の身分の者に優しい！　3．人との応対がうまい！（A．2）※一斉挙手。

【その他の活用（発問）例】

- 「Q．源氏物語絵巻の平安貴族の女性を見て，当時の美人の条件を挙げてみましょう」※『源氏物語絵巻』の一場面を見せる。挙手or指名。
- 紫式部が日記の中で，美人の条件に触れる記述をしている。それによれば，髪が長い（身長以上），ふっくらとしている顔，白くツヤのある肌，目尻は下がり目（つりあがった目尻はダメ）。

主な参考文献
- 土屋直鎮『日本の歴史5　王朝の貴族』中公文庫，1973
- 池田亀鑑他校注『紫式部日記』岩波文庫，1964

25 平安時代 平安貴族のプリンス！ 藤原道長が恐れたものとは何か？

AL ネタ
探究型

ネタ→授業化のヒント

権力者藤原道長が恐れたものは，政敵からの呪詛であった。幾度となく大病を経験し，現世では加持祈祷，後生は浄土信仰に傾斜した。

授業のねらい 藤原道長の宗教意識を多様な視点から考察し，説明できる。

ネタ紹介＆指導過程（１時間）

　藤原道長は幸運な男であった。４男であった彼は，兄たちの死亡で藤原氏の氏長者になった。それゆえ，幸運への感謝と手放したくない願望が，道長の信仰心（密教による加持祈祷，陰陽道の修法，浄土信仰）をより強固なものにしていった。貴族は，起床後，陰陽道でいう自分の星（宿星）を唱え，その日の吉凶を見る。そして前日に起こったできごとや，儀式の記録を日記に書くのが日課であった。道長は，感激屋の一方で怒りっぽいところもあるなど感情の起伏が激しかったという。また，「この世をば我が世とぞ思ふ……」の和歌で見られるような自信家の一面もあれば，政敵から呪詛されて出仕を控えたり，主宰する会議がうまくいかないと弱気になるなど，複雑な性格の一面を見せる様子が，彼の日記『御堂関白記』（世界記憶遺産認定）や，彼と親しい貴族の日記から垣間見える。晩年は糖尿病を患い，念仏を５日間で70万回唱えるなど浄土信仰に傾倒していった。最後は，阿弥陀仏の手と自分の手を糸で結び，念仏を唱えながらの臨終であったという。

①**導入クイズ**「Q．父親に道長と同年生まれの優等生である藤原公任の影さへ踏めない（足元にも及ばない）と言われ，道長は何と答えたか？　次から選びなさい」１．彼（公任）の顔を踏んでやる　２．私の（道長）の影を踏ませてやる　３．私（道長）の影さえ踏ませない（A．１）※一斉挙手。

☆②**課題提示**「Q．次の資料は，道長の人物像を表しています。彼の性格や心情を読み取ってみましょう」

- 道長が46歳のとき，呪いの札（のろいのふだ）が発見された。そこには，道長や天皇に嫁いだ娘（彰子）とその間の子（敦成親王）の名前が書かれてあった。道長は，「自分の身を守るため，朝廷へ勤務を休む」と言ったという。（道長の側近＜藤原行成＞の日記より）
- 道長が56歳のとき，5日間で70万回の「念仏（南無阿弥陀仏）」を唱えていた。（道長の日記より）
- 道長が62歳のとき，彼が建てた寺で，阿弥陀仏の指と自分の指をひもで結び，念仏を唱えながら死んだとされる。　　（『栄花物語』より）

③小集団での情報交換＆全体発表

【生徒の回答例】
- 道長は呪いに対する不安から用心深い性格である。
- 浄土信仰の広まりもあり，道長の極楽浄土への強い気持ちがわかる。

④学習のまとめ

☆【評価規準・判定基準＜思考・判断・表現力＞】

評価A（十分満足）	評価B（おおむね満足）	評価C（指導の手立て）
浄土信仰の広まりという社会背景を踏まえ，資料内容を根拠に道長の宗教意識について自己の考えが記述できている。	資料内容を根拠に，道長の宗教意識について自己の考えが記述できている。	資料内容に触れずに，道長の宗教意識について記述している。→資料内容を根拠に意見記述するよう支援する。

▶主な参考文献◀

- 倉本一宏『藤原道長の日常生活』講談社現代新書，2013
- 『新発見！日本の歴史15　天皇と貴族24時間365日』朝日新聞社，2013
- 土屋直鎮『日本の歴史5　王朝の貴族』中公文庫，1973

> 鎌倉時代

26 北条政子は源頼朝の愛人に何をした？

導入ネタ

> ネタ→授業化のヒント

北条政子は源頼朝の権威を背景に，北条氏の権力強化を意図した。

授業のねらい 北条政子を通して執権政治の確立過程が説明できる。

ネタ紹介＆導入方法

「尼将軍」北条政子の政治的権威は，武士社会の創始者「源頼朝の妻」と「将軍頼家・実朝の母」に由来する。それゆえ承久の乱時の御家人たちに与えた言葉には説得力があった。一方，政子の頼朝に対する独占欲と激しく気丈な性格は，個人的愛情に加え，頼朝の愛人などライバルを一掃し，出身母体の北条氏の影響力増大を意識した政治的行動でもあったとも考えらえる。

・「Q．北条政子は夫の源頼朝が愛人をつくったとき何をしたか？ 次から選びなさい」１．ほうびを与えた ２．無視した ３．愛人の家を破壊した（A．3）※一斉挙手。政子の妊娠中のできごとで，後で知った政子は激怒したという。頼朝は政子にではなく，政子に命じられて愛人の家を破壊した者をいじめたという。

【その他の活用（発問）例】

・父北条時政に反対され政子は監禁されたが，真夜中の豪雨の中，夜通しで山坂をこえ頼朝のもとへ走るほどの気丈で激しい性格であった。

・「尼将軍」北条政子と言えば，承久の乱のときの言葉が有名であるが，実は政子の言葉は，御簾（みす）の中で発せられた。政子が従二位の高位についていたためである（このときに初めて「政子」と名乗った！）。敵である後鳥羽上皇は，「文武の帝王」と称されるぐらいの教養人であった。彼がよくデザインし，愛した花は「菊」であり，現在の皇室の紋章となったと言われる。

> 主な参考文献

・『新発見！日本の歴史19 京と鎌倉のダイナミクス』朝日新聞社，2013
・石井進『日本の歴史7 鎌倉幕府』中公文庫，1974

鎌倉時代

27 御成敗式目の変わった法律って何？

導入ネタ

ネタ→授業化のヒント

中世の裁判判決には「神判」があり，現代のそれとは異質な裁判制度であった。現代の「御神籤（おみくじ）」はその名残である。

授業のねらい 御成敗式目を通して中世の人々の価値観が説明できる。

ネタ紹介＆導入方法

「名月の　出るや　五十一カ条　松尾芭蕉」。後世の武家法や寺子屋の教科書に至るまで多大な影響を与えた最初の武家法が，「御成敗式目」である。その「追加法」には，現代では考えられない「神判（神意による裁判）」の規定があった。盗みなどの「事件」の犯人捜しや，証言の真偽の判定に用いられた。熱湯に手を入れて火傷の程度で判定する「湯起請」や，神前で起請文（誓いの文章）を書き，1週間神社に参籠（籠ること）して身体や周囲の状況に異変（鼻血が出る，病気になる，カラスに尿をかけられる，飲食のときむせるなど）がないかどうかで判定する「参籠起請（さんろうきしょう）」があった。

・「Q．中世の裁判では，神前で起請文を書いた後，1週間籠って『あること』がなければ，正しさが証明されました。「あること」とは何でしょうか？」ヒントは生理現象。※個人思考→小集団で意見交換→発表。

【その他の活用（発問）例】

・式目の制定者である北条泰時は，遺産所領を弟妹に多く与え，自分はわずかしか相続しなかった。謙虚な政治姿勢から後世「名執権」と評された。

・室町時代の6代将軍足利義教は神前での「籤（くじ）引き」で決まった。それ以来，義教は神に選ばれた強烈な意識とヒステリックな性格もあり，周囲を顧みない厳格な政治を行い，「湯起請」を多く採用した。

主な参考文献

・清水克行『日本神判史　盟神探湯　湯起請　鉄火起請』中公新書，2010
・石井　進『日本の歴史7　鎌倉幕府』中公文庫，1974

28 鎌倉時代 一遍の聖なるモノとは何？

AL
ネタ
探究型

ネタ→授業化のヒント

一遍の尿は，万病に効き，多くの人がそれを求めたとされる。一遍自身を「生き仏」と崇拝する視線が感じられる。

授業のねらい 一遍を通して中世の「聖」の意識を考察し，説明できる。

ネタ紹介＆指導過程（1時間）

　日本の大部分を旅して歩き，信不信を選ばず，浄不浄を嫌わず，念仏札配布と踊り念仏により念仏信仰を説いたのが一遍だった。死の直前，この世から自己の存在を抹消するかのように自著や所持した書籍類を焼き捨て，「一代聖教皆尽きて，南無阿弥陀仏になり果てぬ」と言い残した。

①導入クイズ（武士の館＜「一遍聖絵」の一遍を指して＞）

　「Q．この人物は一遍という僧です。何をしに館に来たのでしょうか？次から選びなさい」1．お札の手渡し　2．寄付のお願い　3．法事のお勤め（A．1）。『南無阿弥陀仏』と書かれた紙（お札）を配っていました。阿弥陀仏を信じる教えは浄土教でしたね」※一斉挙手。

②一遍の人物紹介

③一遍の布教方法（『一遍聖絵』の「踊り念仏」を見せて）

　「Q．この人たちは何をしているように見えますか？」※挙手or指名。

【生徒の回答例】　走っている／踊っている／太鼓をたたいている

　「A．踊り念仏といいます。太鼓や踊りのリズムで念仏を唱え，極楽往生できる喜びを心と体で表現しているのでしょう。このような一遍のやさしくて楽しい布教法は，当時の庶民の信仰を多く集めていました」

④課題提示（『天狗草紙』の「一遍の尿をいただく時宗の尼僧」を見せて）

　「Q．次の絵は一遍に関する絵です。一遍の前にいる人は何をしているのでしょうか？　よく観察してワークシートに書きましょう」

⑤小集団意見交換＆全体発表

【生徒の回答例】　ひざまずいて，弟子にしてくださいとお願いをしている／一遍を拝んでいる

⑥詞書（ことばがき）の読解

「実は，一遍の前にいる人は，一遍の弟子の尼僧で一遍の尿を筒に入れようとしているのです」

☆「Q．なぜ，一遍の尿を欲しがったのでしょうか？」※挙手or指名。

【予想される生徒の回答例】

　貴い一遍の尿を飲むことで悩みや病気を治そうと考えられたから／一遍の尿を飲んだら一遍と一体化し，極楽浄土にいけると考えられたから／一遍は阿弥陀仏の使いだったから

⑦学習のまとめ

　「一遍の尿は，万病（すべての病気）に効くとされました。一遍の尿で目を洗えば眼病が治り，飲めば腹の病気に効きます。多くの人が一遍の尿を欲しがりました。一遍は，「聖」なる存在と信じられていたのです」

☆【評価規準・判定基準＜思考・判断・表現力＞】

評価A（十分満足）	評価B（おおむね満足）	評価C（指導の手立て）
浄土信仰を背景に一遍の尿について「聖」性を読み取っている記述が見られる。	一遍の尿について「聖」性を読み取っている記述が見られる。	一遍についての知識を教科書で復習し，多くの信仰を集めた一遍の「聖」性に気づかせる。

▶主な参考文献◀

・黒田日出男『増補　絵画資料で歴史を読む』ちくま学芸文庫，2007
・黒田日出男『増補　姿としぐさの中世史』平凡社ライブラリー，2002

29 親鸞の悩みの種とは何？

鎌倉時代

導入ネタ

ネタ→授業化のヒント

教えと修行のやさしさ（念仏など）を特徴とする鎌倉新仏教が広まる一方で，「本願誇り」といった社会問題も発生していた。

授業のねらい 親鸞の教えを通して鎌倉新仏教の特徴が説明できる。

ネタ紹介＆導入方法

親鸞は自分に正直であった。自身を「半僧半俗の愚禿親鸞」として公然と妻帯した。阿弥陀如来の本願（すべての衆生救済）を信じ，自力（自分でする仏道修行）を捨てて「絶対他力」の信仰を確立した。だが，親鸞の信者たちは「悪いことをしても阿弥陀仏の本願で念仏を唱えれば，往生できる（死後に極楽にいける）」といった「本願誇り」の行動を起こした。これが鎌倉幕府の念仏停止の口実となった。親鸞は心を痛め，不心得者の信者たちに手紙を書いて諭している。

・「Ｑ．親鸞は『本願誇り』の信者に対してどのような話をしたのでしょうか？ 次の（ ）に入る言葉を考えてみよう！」「いい薬（念仏）があるからといって，（ ）（悪事）を飲む人はまちがっているではないか」（Ａ．毒薬）※小集団クイズ。

【その他の活用（発問）例】

「Ｑ．親鸞が生涯仕えた師匠の法然は，比叡山延暦寺で何といわれていたでしょうか？ 次から選びなさい」１．智恵第一の法然房　２．性格第一の法然房　３．体格第一の法然房（Ａ．１）。武士である父親を殺され，父の遺言通り僧侶になった法然は，比叡山で懸命の仏道修行を行ったが，後に「書物は役に立たなかった」と述懐している。

主な参考文献

・千葉乗隆訳注『新版 歎異抄』角川ソフィア文庫，2001
・石井 進『日本の歴史７ 鎌倉幕府』中公文庫，1974

鎌倉時代

30 元寇のときの「てつはう」は，何でできていた？

導入ネタ

> **ネタ→授業化のヒント**
>
> 元軍の新兵器「てつはう」の破壊力は，殺傷能力の高い「鉄の破片」が内蔵されていた。

授業のねらい 戦法や武器から元寇を考察し，その影響が説明できる。

ネタ紹介＆導入方法

　日本が史上初めて外国による侵略の危機に直面した事件が，元寇であった。初めて目の当りにする火薬爆弾「てつはう」の炸裂音とその威力は，幕府軍を恐怖と混乱に陥れた。また，毒矢の使用や集団戦法など想定外の戦法に悩まされた。だが，元軍の外交や攻撃に対して幕府は徹底抗戦した。
（NHK 大河ドラマ「北条時宗」を視聴させる）

　「Q．元寇で元軍が使用した『てつはう』は何でできていたか？　次から選びなさい」1．土　2．石　3．鉄（A．1）※一斉挙手。「『てつはう』の中は火薬以外に何が入っていたでしょうか？」※挙手 or 指名。※元軍の沈没船から発見された「てつはう」の内部分析から，多数の「鉄片」が入れられており，高度な殺傷力があったとされる（NHK スペシャル「発見！幻の巨大軍船～モンゴル帝国 VS 日本730年目の真実」を視聴させる）。

【その他の活用（発問）例】
・幕府の執権北条時宗は，元寇後急死した（34歳）。18歳で執権就任。禅の教えに深く傾倒し，元寇という激動の時代を生きる心の支えとした。
・モンゴル帝国を創ったチンギス・ハンや元の皇帝フビライ・ハンは，征服した民の宗教や慣習の自由を認めた（ハンに対する忠誠が条件）。この寛大な多様性と先進性が，帝国の拡大と維持に寄与したといわれる。

主な参考文献
・『新発見！日本の歴史20　対モンゴル戦争は何を変えたか』朝日新聞社，2013
・黒田俊雄『日本の歴史8　蒙古襲来』中公文庫，1974

鎌倉時代

31 地獄はどこにある？

AL
ネタ

探究型

> **ネタ→授業化のヒント**
>
> 地獄を描いた絵巻物は人々に死後の恐怖を与えたが，日蓮は日常生活の視点から，地獄や仏は人間の心の内に存在すると教えた。

授業のねらい 中世の地獄に対する考え方を考察し，説明できる。

ネタ紹介＆指導過程（1時間）

　中世の人々は，極楽への憧れ以上に地獄に落ちることを恐れていた。そして，それをリアルなイメージで捉えようとした。地獄への認識は，源信の『往生要集』が与えた影響が強く，俗に言う「八大地獄」の描写がそれである。

①導入クイズ（「聖衆来迎図」を見せて）

・「Q．この人たちは，何をしにやってきたのでしょうか？　次から選びなさい」1．人間を守るためにやってきた　2．人間を極楽に連れにやってきた　3．悪い人間を懲らしめるためにやってきた（A．2）。※一斉挙手。「阿弥陀仏を信じる教え（浄土宗）では，人が亡くなる（臨終）ときに『お迎え』にやってくると信じられていました」

②課題提示A（「地獄草紙」など随意の資料を見せて）

☆「Q．この地獄絵に描かれていることを書き出し，その意味を考え，ワークシートに記入しなさい」

③小集団意見交換＆全体発表

【生徒の回答例】

熱い炎の中で人がもがき苦しんでいる／鬼が人間を串ざしにしている／熱い炎は生きているときのその人の欲望や罪を表している

④課題提示B

・「Q．では，地獄とはどこにあるのでしょうか？　日蓮の信者に宛てた手紙文を読みながら，（　　）の中に入る語句を考えましょう」

62

> そもそも地獄と仏とは，どこに存在するかと考えてみると，地獄は地の下にあるというお経もあり，あるいは仏は西方の極楽浄土などにあるというお経もあります。しかし，よく調べてみると，私たちの（　　）の中にあるのです。たとえば，（　　）の中で父を侮（あなど）ったり，母をおろそかにする人は，地獄はその人の（　　）の中にあるのです。また，私たちの（　　）の中には仏もおられます。悪い言葉は，口から出てその身を破滅させます。善い行いは，（　　）から出てその人を幸せにします。
> （日蓮が送った信者＜重須殿女房（おもんすどの）＞への手紙）

⑤解説＆学習のまとめ

「Q．日蓮の手紙の（　　）に入る語句は何ですか？」※挙手 or 指名。

「A．『心』が入ります。日蓮によれば，地獄も極楽もすべて人の心の中にあるというのです。地獄の心とは，例えば，自分を生んでくれた両親を敬わない，大切にしない心であると具体的に教えています。両親を敬わない，大切にしない人が，どうして他の人を大切にできるのか？　口は災いのもと，幸せは仏の心より生まれる。そして仏の心への道は，釈迦の最高の教えである法華経を信ずる証としての『南無妙法蓮華経』を唱えることだと教えています」

☆【評価規準・判定基準＜思考・判断・表現力＞】

評価A（十分満足）	評価B（おおむね満足）	評価C（指導の手立て）
地獄絵から事実を読解し，因果応報の視点で人間の欲望などを記述している。	地獄絵から事実を読解し，人間の欲望などの視点から記述している。	地獄絵から読解した事実のみ記述している。→その意味を考えさせたい。

■主な参考文献■

・渡辺宝陽他編『日蓮聖人全集』第7巻「信徒2」，春秋社，2011
・『週間朝日百科7　日本の歴史　鎌倉仏教』朝日新聞社，2002
・梅原　猛『地獄の思想』中公新書，1967

室町時代

32 お寺が徳政令!? 正長の土一揆の謎

ALネタ
探究型

ネタ→授業化のヒント

中世の大寺院は，荘園など経済権力をもつゆえに徳政一揆の標的にされた。室町幕府の財政は，土倉など金融業者と深い関係にあった。

授業のねらい 中世の徳政一揆を多様な視点で考察し，説明できる。

ネタ紹介&指導過程（1時間）

①導入クイズ（「柳生の徳政碑文」の資料を解説した後で）

「Q．この資料は，奈良にある柳生街道にある石碑で，いわゆる借金を帳消しにする徳政令ですが，誰が出したものでしょうか？次から選びなさい」
1．幕府　2．貴族　3．寺（A．3）※一斉挙手。

②課題提示A

「Q．興福寺の徳政令です。なぜ寺が出したのですか？」※挙手 or 指名。

【生徒の回答例】　困っている信者に寺がお金を貸していたから

「Q．次の資料を見てください。年貢という言葉がありますね。興福寺は年貢を徴収していました。どこから年貢を徴収できたのでしょうか？」

> 一．去年までの年貢の支払いができなかった分（借金）については，帳消しにする。　　　　（正長元年11月「興福寺の徳政実施内容7箇条の一つ」）

【生徒の回答例】　荘園から

「すでに学習したように，大寺院はただ宗教的行事をやるだけでなく，広大な荘園を開発や寄進で手に入れ，そこから年貢を徴収し，必要とする領民にお金を貸していました。さらに，興福寺や延暦寺などの大寺院は，荘園の保護のため武装した僧兵を養っていました。このように政治・経済権力をもった宗教集団となり，社会に大きな影響を与えていました」

③課題提示B
☆「この徳政令は，土民と呼ばれた農民を中心とする一般庶民が起こした土一揆が原因で出されました。飢饉や将軍死去など社会不安の中，近畿各地で発生し，高利貸しを営んだ酒屋や土倉及び寺社が襲撃されました。興福寺も土一揆の圧力に屈し，荘園内で徳政令を出しました。しかし，幕府は徳政令を出さなかったのです。なぜ幕府は徳政令を出さなかったのですか？」
④小集団意見交換＆全体発表
【生徒の回答例】　徳政令を出せば幕府が弱いと思われる／徳政令を出せば土民たちが安易に借金をする／徳政令を出せば土倉らがお金を貸さなくなる／幕府が土倉や酒屋から税金を徴収しているので保護した
⑤学習のまとめ
　「酒屋や土倉に課した税金が幕府財政の大きな財源でした。京都には土倉が約300ほどあり，室町幕府は約9億円を徴収していました。幕府は金融業者と結びついていました。この正長の土一揆は，陸上運送業者の馬借が各地の土一揆との情報収集・連携に大きな役割を果たしました。彼らも土倉らからの借金や，飢饉による土倉らの米の買い占めに伴う米の流通停滞の発生で本業を脅かされた恨みもありました」
☆【評価規準・判定基準＜思考・判断・表現力＞】

評価A（十分満足）	評価B（おおむね満足）	評価C（指導の手立て）
土一揆の知識と，金融の視点から幕府の意図を論理的に記述している。	金融の視点から幕府の意図を論理的に記述している。	教科書で徳政令のもつ意味と幕府の財政基盤を復習させる。

▶主な参考文献◀
・伊藤正敏『寺社勢力の中世―無縁・有縁・移民』ちくま新書，2008
・本郷和人『武士から王へ―お上の物語』ちくま新書，2007
・永原慶二『日本の歴史10　下剋上の時代』中公文庫，1974

33 室町時代 — 足利義満が金閣を建てた目的は何？ 〈導入ネタ〉

ネタ→授業化のヒント

足利義満は明との貿易による政治・経済力の支配権を欲した。そのための「日本国王」への野望であり，金閣はそのシンボルであった。

授業のねらい 金閣の建設の目的を多様な視点から説明できる。

ネタ紹介&導入方法

　足利義満が建立した金閣は政治・外交・文化の中心であり，野望のシンボルでもあった。金閣の構造や装飾物に公武・寺社権力の上に君臨し，日本の最高実力者＝日本国王の地位を望んだ。義満が政略を使って「天皇の父＝上皇」の地位を欲した最大の理由は，明との貿易にあった。明の皇帝が日本の主権者（国王）との通交を条件としたからである。明との貿易で手にする莫大な利益と明銭を流通させる経済力，勘合符の受領独占による守護大名や大商人に対する政治・経済支配権は重要であった。そのため明の使者を歓待する迎賓館としての外交的な役割を金閣は担っていたのである。

・「Q．金閣の屋根にある「鳥」を次から選びなさい」1．鷲　2．鷹　3．鳳凰（A．3）※一斉挙手。中国の伝説上の鳥で「聖天子出現の予兆」とされ，義満自身を暗示したものとされる。

【その他の活用（発問）例】

・金閣の最上層にある義満の木造は「繧繝縁（うんげんべり）」という天皇・上皇のみが許された畳に安置されている。

・「足利義満の幼名を次から選びなさい」1．春王　2．夏王　3．秋王（A．1）。

主な参考文献

・小川剛生『足利義満　公武に君臨した室町将軍』中公新書，2012
・今谷　明『日本の歴史9　日本国王と土民』集英社，1992
・佐藤進一『日本の歴史9　南北朝の動乱』中公文庫，1974

室町時代

34 「秘すれば花」とは誰の言葉？

導入ネタ

> ネタ→授業化のヒント
> 足利義満という権力者の庇護のもと能楽を大成した世阿弥の能の神髄は，「観客の思ってもみない感動＝花」であった。

授業のねらい 世阿弥の能楽思想を通して室町文化の特徴が説明できる。

ネタ紹介＆導入方法

「乞食の所行」として蔑まれ，当時のマイナーだった能楽を芸術の域（幽玄の世界）にまで大成した世阿弥は，その美麗さと抜群の演技力で足利義満を魅了した。彼の魂の書で当時秘伝とされた『風姿花伝』に，「秘すれば花なり」という言葉がある。「観客に思ってもみない感動の美」を「花」と捉え，そこに芸の神髄が宿ると世阿弥は考えた。奇想天外なマジックの「種あかし」が無粋なように，見事な「花」は秘するのである。

・「Q．次の言葉は世阿弥の言葉です。（　）に入る漢字１文字を次から選びなさい」
「秘すれば（　）なり」１．雪　２．月　３．花（A．3）※一斉挙手。

【その他の活用（発問）例】

・世阿弥は義満の保護のもと能楽を大成し，金閣でも能を舞ったという。だが，義満亡き後，晩年は佐渡に流罪になるなど悲運であった。
・有名な「初心忘るべからず」は世阿弥の言葉である。しかし世阿弥が言う「初心」とは，「最初に決意した気持ちや考え」という現代的な意味ではなく，「未熟な自分を忘れず，未経験なことに挑戦する心」という意味である。それ以外にも，「離見の見（自分の姿を客観的に見つめること）」など，現代の日常生活に示唆に富む言葉を多く残した。

主な参考文献

・『新発見！日本の歴史25　日本文化の源流の実態』朝日新聞社，2013
・世阿弥，竹本幹夫訳注『風姿花伝・三道』角川ソフィア文庫，2009

室町時代

35 中世の罪と罰　歴史法廷「刀盗み事件」を裁く！

AL
ネタ

探究型

ネタ→授業化のヒント

中世の法制度の特徴は，幕府法や荘園領主法などの多元性にある。窃盗は，幕府は軽罪，惣村など民間は重罪であった。

授業のねらい 中世の罪と罰を多様な視点から考察し，説明できる。

ネタ紹介＆指導過程（2時間〔①～④1時間，⑤～⑥1時間〕）

　中世は統一権力がなく，幕府や朝廷・寺社の荘園支配による分権的法制度が特徴であった。さらに中世後半，畿内を中心として自立的な惣村が発生し，独自に惣掟を定め，自検断（村内の紛争を自らの力で解決すること）の風潮が生まれていた。さらに権力側と民衆側の犯罪観のギャップもこの時代の特徴であった。その典型例が「盗み」であった。幕府法が窃盗軽罪観に立っていたのに対し，惣村などの民間では窃盗重罪観に立っていた。

①導入「概略説明＆クイズ」

　16世紀初頭，室町時代の日根野荘（大阪府泉佐野市）の領主は，九条政基（元関白）であった。彼の日記によれば，正月に村人を招いて宴会を行ったときに，村人の一人が腰刀を盗まれた。政基はすぐに「湯起請」を行い，犯人が判明し，腰刀も持ち主にもどされた。

「Q．湯起請って何ですか？　次から選びなさい」1．熱湯に手を入れる　2．熱湯を飲む　3．熱湯をかぶる（A．1）※一斉挙手。

②課題提示「Q．犯人の刑罰とその理由を推理しましょう！」

③小集団意見交換＆全体発表

【生徒の回答例】　お金による慰謝料と謝罪／村を追放／めでたい席なので犯人を罰しないで，持ち主への謝罪ですませた

④事実提示と探究

☆「政基は，自らが定めた領主法によって犯人を処刑しましたが，犯人の家が公事屋（村の公務や税などを負担する家）であったため，犯人の子どもに家を継がせました。しかし，その後，実は，犯人の妻子が村人に殺され，家まで破壊されました。政基も村人たちの行動にどうすることもできないのでした。なぜ，村人は盗みをそれほどまでに重罪と考えたのでしょうか？」

⑤個人思考＆小集団意見交換

【生徒の回答例】

・盗みは人の生活や心を傷つける許されない犯罪と考えられたから／盗みが集団の信頼感を失わせ，村にとっては一大事であった

⑥事実提示

「幕府法は，次の資料にあるように，盗みに対して軽罪観に立っていました。しかし，荘園では，盗みは憎むべき重罪と考えられていたのです。また，惣の掟は，ときには領主法でさえも立ち入れませんでした」

[幕府法]　300文（4500円程度）以下：盗品同額弁償
　　　　　窃盗，刃傷などは「軽罪」

☆【評価規準・判定基準＜思考・判断・表現力＞】

評価A（十分満足）	評価B（おおむね満足）	評価C（指導の手立て）
盗みの罪と罰の理由を飢饉などの災害や集団と個人の視点から考え，記述できている。	盗みの罪と罰の理由を集団や個人の視点から考え，記述できている。	盗みの犯罪行為が被害者や集団にどういう影響を与えるかを考えさせる。

■主な参考文献

・『週間朝日百科8　徳政令―中世の法と裁判』朝日新聞社，2002
・網野善彦他『中世の罪と罰』東京大学出版会，1983

室町時代

36 一休さんに悟りのきっかけを与えた動物とは何？

導入ネタ

> **ネタ→授業化のヒント**
> 「とんちの一休さん」は，風狂な文化人であった。奇行が目立つ人間的で庶民的な布教方法で新興都市の人々に支持された。

授業のねらい 一休を通して社会に影響を与えた禅宗の教えが説明できる。

ネタ紹介＆導入方法

　「とんち小僧一休さん」で知られる一休は，後小松天皇の後胤といわれる。一休個人の実力と高貴な血筋であることから大徳寺の住職にまでなっている。ただ，一休の行動思想は，自ら「狂雲」と名乗ったように，「風狂＝型破り」であった。当時の偽善的な仏教界への反発から女犯肉食の禁を公然と破り，京都の街中を木剣を携え歩きまわった。反面，自殺未遂を起こすなど思いつめるところがあった。このような人間的で庶民的なふるまい方と独特の布教活動が，特に堺などの新興都市民の心をとらえた。一方で，連歌の宗祇や茶道の村田珠光など幅広い一流教養人との交流は，当時の文化に影響を与えた。

・「Q．一休が悟りを開くきっかけを与えた動物を次から選びなさい」
　1．カラス　2．キツネ　3．サル（A．1）※一斉挙手。真夜中で何も見えない中，「カラス」の鳴き声を聞いた。見えない中にあってもカラスはいた。見えない中に「仏」はいると悟ったと言われる。

【その他の活用（発問）例】
・88歳での臨終の言葉は「まだ死にとうない」と伝えられている。
・正月にドクロを杖に引っかけて，「ご用心，ご用心」と町中を唱えて歩いた。「門松は冥途の旅の一里塚　めでたくもあり　めでたくもなし」

主な参考文献
・永原慶二『日本の歴史10　下剋上の時代』中公文庫，1974

室町時代

37 『もののけ姫』に出てくる包帯をまいた人とは誰？

導入ネタ

> **ネタ→授業化のヒント**
> 映画「もののけ姫」に登場する「らい病」患者は，中世では「業病」として社会的・宗教的に怖れられ，差別された。

授業のねらい 中世社会の差別について宗教と関連させて説明できる。

ネタ紹介＆導入方法

　古代以来，人々は「死」や「血」の穢れに恐怖した。現在ではハンセン病といわれ治療可能な病気も，中世の人々にとっては，「罪や穢れ」に関わる社会的・宗教的な病とみられていた。当時，神仏に誓う起請文（誓約文）の末尾に，「誓いに違反すれば，来世は地獄，現世はライ病の重病を受ける」とある。このように忌み嫌われ，非人として「乞食」をしている様子が「一遍上人絵伝」によく登場する。またこの時代，死んだ牛馬処理や革製品の加工業者は「穢多（エタ）」と言われ賤視されてきた。中世後半のこのような差別意識の高まりは，14世紀ごろからの貨幣経済の発展による人々の合理的精神や宗教的畏怖感の後退が社会背景にあり，近世の身分制に移行していった。
（DVDビデオ「もののけ姫」の「らい病患者」のシーンを見せて）
・「Q．この包帯をまいた人たちは，なぜ包帯をまいているのでしょうか？次から選びなさい」1．皮膚病　2．火傷や戦の傷　3．身分による強制（A．1）※一斉挙手。

【その他の活用（発問）例】

・中世では，非人として忌み嫌われ，差別されたらい病者たちは，実は，文殊菩薩の化身であるという信仰から，律宗の叡尊や忍性が「施食」を行っている（「一遍上人絵伝」にも描かれている）。

主な参考文献

・網野善彦『日本の歴史をよみなおす（全）』ちくま学芸文庫，2005
・『週刊朝日百科70　日本の歴史　賤民と王権』朝日新聞社，2003

38 室町時代，白熱した庶民の遊びとは何？

室町時代

導入ネタ

ネタ→授業化のヒント

血が沸き踊る遊びは時空を超えて人が好むものである。現代の雪合戦も中世の「印地打（いんじうち）」の名残である。

授業のねらい 中世と現代の「遊び」を比較考察し，特徴が説明できる。

ネタ紹介＆導入方法

いつの時代でも人は血が沸き踊るような遊びを好む。中世では，石を棒状のようなもので打って遊ぶ「打毬（だきゅう）」が絵巻物から知ることができる。今で言えば，陸上ホッケーに似ている。また，端午の節句「五月五日」に行われる「印地打（いんじうち）」という遊びもあった。石を投げ合う「石合戦」であるが，怪我や死亡者も出るのでしばしば禁止されたそうである。現代では「雪合戦」に姿を変えている。絵巻物など絵画史料は，当時の時代状況や人々の衣・食・住・心理を視覚的に読み取ることのできる格好の史料である。

（「年中行事絵巻」の「印地打」の絵を見せて）

・「Ｑ．この絵は何かをして遊んでいる絵です。何をしていると思いますか？」※挙手 or 指名。

【その他の活用（発問）例】

・「Ｑ．絵巻物で烏帽子をかぶっている人はどんな人か？」Ａ．一人前の男性。中世は『帽子の時代』で，烏帽子などの帽子は一人前の男性の象徴であった。逆に烏帽子など帽子をかぶらない存在は『童子』とされ，『人』とみなされなかった。何段階もの成長儀礼を経て『人』に近づいていく存在であった。

主な参考文献

・黒田日出男『増補 姿としぐさの中世史』平凡社ライブラリー，2002
・宮本常一『絵巻物に見る日本庶民生活誌』中公新書，1981

39 室町時代 『御伽草子』の「浦島太郎の話」の教訓って何？ 導入ネタ

ネタ→授業化のヒント

「浦島太郎」の話には「善行奨励，因果応報」の視点があり，都市の発達による人口移動という時代背景があった。

授業のねらい

「浦島太郎」を通して中世の人々の思想や社会が説明できる。

ネタ紹介＆導入方法

「浦島太郎」の伝説は『日本書紀』にもその原型が見られるように，古く多様な話となって各地に伝わっている。一般的には，太郎がいじめられている亀（乙姫）を救う（善行）ことから竜宮城で親を忘れて快楽の日々を過ごし（自分勝手），帰ったら両親は亡くなっていた（不孝）というように因果応報が読み取れる。浦島太郎の話が成立したとされる14世紀後半の日本は，都市が発達し，多様な職業が生まれ，活発な人口移動が行われた時代である。親をおいて地方から都市にやってきた若者がそのままということもあるだろう，現代では普通の光景でも。時代背景に留意し，自由な発想を促したい。

・「Q．（浦島太郎の話を要約して話した後で），浦島太郎の話の教訓は何だと思いますか？」※挙手 or 指名 or 個人思考後，小集団意見交換。

【その他の活用（発問）例】

・「Q．その後の浦島太郎はどうなったと思いますか？」※挙手 or 指名。
・「A．一つの話として，太郎はその後，『鶴』となり，蓬莱山で，竜宮城の乙姫（亀）と再会し，共に過ごしたそうです。『鶴は千年，亀は万年』という諺が今もあるように，長寿を象徴する動物となっています」
・下剋上の時代，人々が立身出世を願う「一寸法師」の話もよい。

主な参考文献

・池上裕子『日本の歴史10 戦国の群像』集英社，1992
・市古貞次校注『御伽草子』下 岩波文庫，1986

戦国時代

40 上杉謙信の経済力の秘密とは何か？

ALネタ
探究型

> **ネタ→授業化のヒント**
>
> 上杉謙信の経済力の源泉は，「青苧（あおそ／高級麻布の原料）」にあった。中世の座の支配機構を否定ではなく，うまく統制した。

授業のねらい 上杉謙信の経済力を探究し，座の支配法が説明できる。

ネタ紹介＆指導過程（1時間）

　上杉謙信の時代の越後国（現在の新潟県）は，現在のコシヒカリの産地であるが，当時は米がとれなかった。湿地帯が多く，水田に適さなかったという。では，謙信の経済力の秘密は何か？　佐渡金山などの鉱山収入だろうか？　それも違う。佐渡金山の本格的な開発は，謙信死後である。実は，日本一の生産を誇る「青苧」という植物である。上質の麻布（越後上布）の原料となり，武士の裃や夏の衣料生地として身分を問わず人気があった。謙信は，中世の商業の特徴である「座」（特権的で排他的な同業組合）について，青苧座を動かしていた大阪や京都の座商人と本所の公家である三条西家をうまく支配下におき，京都に専属の販路拡大と情報収集担当の家臣を常駐させた。さらに直江津などの日本海貿易を促進し，入港税や青苧座の座役（座の商人から徴収する税）の収入は約4万貫に及んだ。謙信は，後の信長の楽座のように座を否定するのではなく，既存の流通経済ルートをうまく利用した。

①導入クイズ「Q. 上杉謙信の経済力を支えていた一番のものは何か？　次から選びなさい」1．米　2．麻布　3．金山（A．2）。※一斉挙手。

②青苧の説明と既習事項の「座」のしくみの確認

③上杉謙信の経済政策の探究

　「Q. 上杉謙信は，今までの青苧の販売ルートをどのように改革したと考えますか？　これまでの流通販売ルートの図を見て考えましょう」

[越後の青苧の流通・販売ルート図]

```
              <販売>              <座役支払(販売の独占許可料)>
越後の青苧座 ─→ 大阪・京都の青苧座 ─→ 三条西家(本所・貴族)
                    ↓<販売>
                消費者(お客)
```

④小集団意見交換&全体発表

【生徒の回答例】

・すべての座を解散させ,上杉謙信が直接生産・販売し,利益を独占した。
・越後の青苧座を直接支配し,生産・販売を行う商人から税金を徴収した。

⑤上杉謙信の経済政策の説明と課題探究

☆「上杉謙信は,越後の青苧座を直接支配しました。なぜ謙信は,座を解散させ,直接生産や販売を行わなかったのでしょうか?」※挙手 or 指名。

【生徒の回答例】 生産は支配できても,販売がうまくいくかわからなかったから/今まで通り商人に任せたほうがうまくいくと考えたから

⑥学習のまとめ

「上杉謙信は,中世の商人の特権集団である座を否定するのではなく,既存のしくみを利用して大きな利益を獲得し,領国支配の経済的基盤としました。後の織田信長の座を否定する楽座政策と違うところです」

☆【評価規準・判定基準<思考・判断・表現力>】

評価A(十分満足)	評価B(おおむね満足)	評価C(指導の手立て)
謙信の性格や座のしくみを踏まえ,効率的に座を支配した趣旨の記述が見られる。	謙信は座を効率的に存続させて利益を得るのが目的であったという趣旨の記述が見られる。	教科書で座のしくみを復習させ,謙信のメリット(得になること)を考えさせたい。

■ 主な参考文献

・『歴史群像シリーズ 疾風上杉謙信【破竹の懸り乱れ龍】』学研,2001
・杉山 博『日本の歴史11 戦国大名』中公文庫,1974

戦国時代

41 ライバル対決！ 謙信 VS 信玄
①名言から迫る人物像

AL ネタ
探究型

> **ネタ→授業化のヒント**
>
> 上杉謙信は，戦では勇猛果敢・変幻自在の率先垂範型であった。武田信玄は，家臣同士の合議と合理を重視した総合調整型であった。

授業のねらい 武将の言葉から戦国大名の考え方を考察し，説明できる。

ネタ紹介＆指導過程（1時間）

　上杉謙信の真骨頂は，敵陣に先頭で突っ込む勇猛果敢さと変幻自在の作戦にあった。毘沙門天の化身と自他ともに信じ，兵力差で劣る上杉軍の強大さの源泉となった。馬上杯の遺品からも酒をこよなく愛し，梅干を肴にした謙信の辞世，「49年の生涯は一睡の夢のようであった。人生の栄華は一杯の美酒と変わらない」。一方，武田信玄は謙信とは真逆の性格であった。「風林火山」の旗印のもと，孫子の兵法に則った調略を重視した。兵の損失を防ぐ「戦わずして勝つ」を最上策とした。人間心理に対する深い洞察は，合議と合理を重んじる姿勢に表れている。息子勝頼に「あんな勇猛な謙信とは戦うな。謙信を頼れ。謙信は嫌とは言わぬ」と遺言したとされる。度重なる川中島の戦いの中で，いつしか謙信の義理固い性格を信頼していたのだろう。

①導入クイズ「Q．上杉謙信と武田信玄は一人になって考えたいとき，どこで過ごしたか？　次から正しくないものを1つ選びなさい」
1．馬の上　2．トイレ　3．仏堂（A．1）。※一斉挙手。
　「上杉謙信は毘沙門天を信仰しており，常に城内にある毘沙門天堂にこもって座禅や祈願をしていたといいます。武田信玄は6畳敷きの広さのトイレに裁判の書類を持ち込んでいたそうです。そのトイレもお風呂の残り湯を流す水洗式で，臭い消しのために常に香を焚かせていたそうです。ちなみにトイレのことを『山』と呼びました。草木（臭き）が多いから」。

②課題提示「謙信と信玄の戦争観の探究」
☆「Q．次の謙信と信玄の文章を読み，彼らの性格を考えましょう」

[上杉謙信]「運は天にあり,鎧(よろい)は胸にあり。死なんと戦えば生き,生きんと戦えば死するものなり」「今までの戦いで私利私欲のために戦ったことはない」「毘沙門天に祈願します。国内においてけんかや暴動火事,そして戦が起こりませんように!」

[武田信玄]「およそ戦いでの勝ちは,5分の勝ちをもって上とし,7分の勝ちをもって中とし,10分の勝ちをもって下とする」「人は城,人は石垣,人は堀,情けは味方,仇(あだ<うらみ>)は敵なり」

③小集団意見交換&全体発表
【生徒の回答例】 [上杉謙信]本当は平和主義者／私欲のない人／必死さの中に希望を見つける人
[武田信玄]部下を信頼する器の大きい人／大勝を評価しない慎重で思慮深い人
④学習のまとめ
☆【評価規準・判定基準<思考・判断・表現力>】

評価A(十分満足)	評価B(おおむね満足)	評価C(指導の手立て)
2人の資料を読み解き,複数の根拠から人物像を論理的に記述している。	2人の資料を読み解き,根拠をもって人物像を論理的に記述している。	資料の読み解きを支援し,2人の人物イメージを記述させる。

▶ 主な参考文献 ◀

・『歴史群像シリーズ 疾風上杉謙信【破竹の懸り乱れ龍】』学研,2001
・腰原哲朗訳『甲陽軍鑑』(中)教育社,1979

42 戦国時代 ライバル対決！ 謙信 VS 信玄 ②決戦！ 川中島の戦い

AL ネタ
判断型（評価）

> **ネタ→授業化のヒント**
> 雌雄を決するという言葉通り，戦死者が両軍全体の４割にも及んだ激闘。謙信が先手をとったが，信玄も決して引かなかった。

授業のねらい 川中島の戦いの様子を多様な視点から考察し，説明できる。

ネタ紹介＆指導過程（１時間。「ネタ41」と合わせれば２時間）

①導入クイズ 「戦時の携帯食（握り飯）の『おかず』のうち，「不正解」を次から選びなさい」１．のり　２．みそ　３．うめぼし（A．1）※一斉挙手。

②川中島の戦い（４回目）の概要（「戦場図」を生徒に見せて）

> 　1561年９月，武田信玄は，自軍１万２千の兵を妻女山頂に陣を張る上杉謙信軍を背後から襲わせ，山を降り，川中島に出てきた上杉軍（１万３千人）を武田軍８千の主力部隊が迎え討つ「啄木鳥の戦法」を採用した。しかし，謙信は信玄の作戦を見破った。どうして見破ったのか？

【生徒の回答例】 謙信が武田軍に侵入させていたスパイからの情報／謙信が信じる毘沙門天のお告げがあった／信玄の陣に異変を感じた

③謙信と信玄の戦いの様子（映画「天と地と」の合戦シーンを視聴させて）

　「謙信は信玄の陣から上がる炊煙がいつもより多いことに気づきました。戦いが始まれば携帯用の非常食が必要になります。謙信は信玄が動くと判断したのです。謙信は妻女山に１千の兵（信玄軍を足止めするための兵）を残しておき，全軍で山を降り，信玄が待ち受ける主力部隊（８千人）の攻撃に向かった。当時（９月10日）は深い霧が出ており，謙信が信玄軍に近づくのには，好環境でした。やがて霧が晴れ，信玄軍の眼前に上杉軍が姿を現しました。すぐに信玄は防御の構えである『鶴翼の陣形』を指示。妻女山から援軍が駆けつけるまで，耐え忍ぶしか勝ち目はありません。一方の謙信も，敵

に次々と波状攻撃のように襲いかかる『車懸りの陣』で攻撃し，信玄の首を目指しました。戦いはまさに敵味方入り乱れる乱戦となりました。信玄の本陣は幾度の危機に遭遇しながらも何とか持ちこたえました。そして信玄の援軍が到着したとき，形勢は逆転，謙信は潮時を悟り，撤退しました」

④課題提示

☆「Q．この戦いの様子及び次の資料を参考にしながらこの戦いの勝者は誰だったと考えますか？　その理由とともにワークシートに記入しなさい」

> 両軍の戦死者8,000，信玄の弟や信玄の軍師と言われる山本勘介など武田軍の有力武将も戦死した。さらに信玄自身も負傷した。しかし，両軍の軍事上の重要地である川中島は信玄の占領地のままであった。

⑤小集団意見交換＆全体発表

【生徒の回答例】　前半上杉軍優勢，後半武田軍逆転で引き分け／戦いだけを見れば謙信の作戦勝ち／武田軍勝利（川中島を占領したから）

⑥学習のまとめ

☆【評価規準・判定基準＜思考・判断・表現力＞】

評価A（十分満足）	評価B（おおむね満足）	評価C（指導の手立て）
川中島の戦いとその後の動きに関する知識を使って考察し，自己の価値観を論理的に記述できている。	川中島の戦いの結果に関する知識を使って考察し，自己の価値観を論理的に記述できている。	川中島の戦いの流れを復習し，勝敗に関する価値観を見つめさせる。

■ 主な参考文献

・『歴史群像シリーズ　疾風上杉謙信【破竹の懸り乱れ龍】』学研，2001
・奈良本辰也監修『図説　戦国武将おもしろ事典』三笠書房，1990

43 ルターが修道士になったきっかけは何？

16世紀

導入ネタ

ネタ→授業化のヒント

ルターは「雷」をきっかけに修道士になった。「聖書第一」主義を貫き，聖書のドイツ語訳，市民講座など民衆視点をもっていた。

授業のねらい ルターの人物像や考え方から宗教改革が説明できる。

ネタ紹介＆導入方法

　マルティン・ルターは，当初，法律家になる進路を目指していた。あるとき，激しい雷雨に遭遇し気づいたら叫んでいた。「お助けください。私は修道士になります！」と。誓い通り厳しい修道士の修行の中で，「人は神の福音である聖書によってのみ救われる」ことを確信した。この教義によってローマ教皇による免罪符への批判から始まる宗教改革に突き進んでいくことになる。ところで，神学教授としてのルターの大学での情熱的な講義や説教は，時事の話題も挿入しつつ簡潔明瞭だったので，市民にまで人気であった。

・「Q．ルターがキリスト教の修道士になろうと誓った体験を次から選びなさい」1．台風　2．雷　3．地震（A．2）※一斉挙手。

【その他の活用（発問）例】

・ルターは優れた讃美歌を作曲し，自ら美しい声で歌った。その特技により貧しい学生時代の飢えを凌いだこともあったという。
・宗教改革の最中，命の危険が迫る中で，ルターは教会の独占物であった聖書（ラテン語）を日常のドイツ語に翻訳し，聖書を普通の人々に解放した。グーテンベルクの印刷術の発明が大きく寄与した。ルターのドイツ語は，後のゲーテやシラーに至るまで近代ドイツ文章語の模範となった。

主な参考文献

・樺山紘一『世界の歴史16　ルネサンスと地中海』中央公論社，1996
・松田智雄責任編集『世界の歴史7　近代への序曲』中央公論社，1983

16世紀

44 万能の天才！ダビンチはなぜ鏡文字を使ったのか？

導入ネタ

ネタ→授業化のヒント

ルネサンス時代の「万能の天才」レオナルド・ダ・ビンチは，ローマ教会の教義に反するアイデアを「鏡文字」でメモに残した。

授業のねらい ダビンチを通してルネサンスの特徴が説明できる。

ネタ紹介＆導入方法

ルネサンスの「万能の天才」という称号は，レオナルドのためにある。不幸な生い立ちから独学で体得した芸術・科学全般の知識・技能と独創的な発想は，驚嘆の一語である。しかし，ローマ教会は教義に反する思想や科学などを異端とし，死刑の圧力（人体解剖や地動説は神への冒涜！）を加えた。そのためレオナルドは，着想した「禁断のアイデア」を判読しにくい左右逆転の「鏡文字」でノートに記した。また，時として人体の構造を知るために密かに死体を解剖した。また，鳥を解剖し，人体飛行機やヘリコプターの設計図を残すなど，未来を先取りした飽くなき探究心がうかがえる。

- 「Q．レオナルド・ダ・ビンチのノートの文字は変わっていたが，それはどのような文字ですか。次から選びなさい」
  1．左右反対　2．暗号　3．絵文字（A．1）※一斉挙手。
- 「Q．なぜ鏡文字（左右反対）を使用したのですか？」※挙手 or 指名。

【その他の活用（発問）例】

- 「ビンチ」は彼の村の名前。幼少以来母親の記憶がなく，母性への憧れから「モナ・リザ」など多くの女性を描いた。リュート（弦楽器）などの楽器演奏も称賛された。左利きで生涯独身。均整美を追求し，「黄金比（1：1.618）」を発見。現在でもクレジットカードなど多方面で応用されている。

主な参考文献

- 『週刊西洋絵画の巨匠　レオナルド・ダ・ヴィンチ』小学館，2009
- 樺山紘一『世界の歴史16　ルネサンスと地中海』中央公論社，1996

戦国時代

45 ザビエルに日本布教を決意させた日本人は誰？

導入ネタ

ネタ→授業化のヒント

ザビエルの日本布教に影響を与えたのは，聡明で知識欲旺盛なヤジローという日本人の存在であった。

授業のねらい ザビエルの日本へのキリスト布教の理由が説明できる。

ネタ紹介＆導入方法

　宗教改革によるカトリックの劣勢をはね返すべく，イエズス会のザビエルは未開のアジア布教を目指した。現在のマレーシアのマラッカで，殺人罪で日本を出国したヤジロー（鹿児島出身）と出会った。ザビエルはヤジローが短期間でポルトガル語の読み書きを習得し，聖書の一節を暗唱するなど聡明で知識欲の旺盛さを見て，日本布教を決意したという。ヤジローの案内でザビエルは鹿児島に到着。日本に初めてキリスト教を伝えた。来日したザビエルは，「日本人は礼儀正しく，理性的で名誉を重んじる知識欲旺盛な人たちである。キリスト教の教義にも熱心に耳を傾け，理解を示した」と手紙に記している。ザビエルの鹿児島滞在中，100人ほどが信者になったという。

・「Q．ザビエルが来日したとき，共に来日した日本人の名前を次から選びなさい」1．コジロー　2．ヤジロー　3．タジロー（A．2）※一斉挙手。

【その他の活用（発問）例】

・ザビエルは，死後，保存処置が施され『聖人』となり，髪や歯など遺体の一部は各地の教会（東京の教会には胸骨の一部）で保存されている。
・ザビエルが来日して驚いたことは，当時普通であった戦国大名による同性愛の風習であった。キリスト教義に反していたからであった。

主な参考文献

・『週刊朝日百科23　日本の歴史　キリシタンと南蛮文化』朝日新聞社，2002
・池上裕子『日本の歴史10　戦国の群像』集英社，1992

> 安土・桃山時代

46 桶狭間の戦いの最大功労者は誰？

導入ネタ

ネタ→授業化のヒント

桶狭間の戦いでの織田信長の勝利は，奇襲成功のための準備（情報収集など）と一撃のタイミングがもたらしたものである。

授業のねらい 織田信長の戦いにおける情報戦や価値観が説明できる。

ネタ紹介＆導入方法

　10倍以上の兵力をもつ今川義元との戦いで勝つには，「奇襲」しかなかった。奇襲はタイミングが生死を決する。「いつどこで動くか？」信長がまず重要視したのは，「義元の居場所」の把握である。その意味で，義元が「桶狭間で休憩中！」という情報は，信長にとって最大の勝機であった。この情報を伝えたとされる梁田政綱（やなだまさつな）は，戦後，義元の首をとった毛利新助よりも功績第一として三千貫の賞金と城を与えられたとされる。（NHK 大河ドラマ『利家とまつ　加賀百万石物語』の桶狭間の戦いシーンを視聴させる）「Q．織田信長は，桶狭間の戦いで誰を戦功の第一としたか？　次から選びなさい」1．一番先に敵に突っ込んだ人　2．義元の首をあげた人　3．義元の居場所を知らせた人（A．3）※一斉挙手。

【その他の活用（発問）例】

・今川義元は足が短かったので，馬での移動を嫌がり，武具を着けず輿に乗って移動した。そのため頻繁に休憩をとりながらの行軍であった。
・織田信長は熱田神宮で戦勝祈願をしたときに，白鷺2羽を秘かに放つ演出をして，神による勝利の吉兆として味方の士気を高めたとされる。

主な参考文献

・川崎桃太他訳『完訳フロイス日本史2　織田信長編Ⅱ』中公文庫，2000
・奈良本辰也監修『図説　戦国武将おもしろ事典』三笠書房，1990

安土・桃山時代

47 茶道が流行したのはなぜ？

導入ネタ

ネタ→授業化のヒント

信長は茶の湯の開催権や茶器を論功行賞として利用し，茶の湯の政治・経済力と文化的権威を高めた。

授業のねらい 茶道がもつ政治的・文化的特徴が説明できる。

ネタ紹介＆導入方法

　織田信長は「茶の湯」を愛好するとともに政治的にも利用した。堺を支配下においた後，千利休を茶頭にした。信長は，部下の武将たちに茶の湯を容易に開かせなかった。茶の湯が開催できるというのは，とても名誉なことであった。さらに信長が収集した茶器（利休の権威付）を論功行賞に利用した。「一つの茶碗に一国の価値がある」状態をつくったのである。土地を与えるより経済的（安上がり）であったであろう。

・「Q．豊臣秀吉が織田信長から許されたことで，『生涯忘れられないほどの喜び』としたことは何か，次から選びなさい」１．茶会の開催　２．連歌会の開催　３．晩餐会の開催（Ａ．１）※一斉挙手。

【その他の活用（発問）例】

・現在まで受け継がれる「侘び茶」の茶道を確立した千利休の「利休」は，「名利ともに休す：名誉も利益もともに超克する」に由来するとされる。京都に現存する利休の茶室で国宝の「待庵」は，二畳の狭さで，入口から頭を下げて体を小さくかがめながら入室する「にじり口」構造であった。「和敬清寂」，権力など俗世を超える空間からは，誰もが平等であり，「一期一会」の心で相手を敬し，清浄で素朴な雰囲気で共に茶を喫するという利休の精神が伝わってくる。ちなみに武士の魂である刀は持って入れない。亭主と客の信頼関係がなければできないことであっただろう。

主な参考文献

・林屋辰三郎『日本の歴史12　天下一統』中公文庫，1974

安土・桃山時代

48 石田三成は「秀才」だけの人？

導入ネタ

> **ネタ→授業化のヒント**
>
> 石田三成は実務能力だけでなく，名君として領民から慕われた人間的魅力と気概をもった人物であった。

授業のねらい 石田三成の人物像を多様な視点から説明できる。

ネタ紹介＆導入方法

　石田三成は賤ヶ岳の戦いなど戦の裏（人員配置や弾薬・食糧の運送計画など）の実務能力は抜群であった。秀吉との出会いは「三献の茶」で知られる。のどが渇いた秀吉に，1杯目は大きな器で冷めた茶を，2杯目は中ぐらいのお椀に少し熱くした茶を，そして3杯目は小さなお椀に熱いお茶を出した。秀吉は三成の「おもてなし」とその聡明さに感じ入り，仕えさせたといわれる。戦や武闘派の武将との人間関係はうまくなかったが，三成が治めた領民たちの評判は良かった。あるとき茶席で，皮膚病を患っていた大谷刑部が飲んだお茶を，皆が嫌がって飲むフリをして回し合った。三成は，何事もないかのようにすべて飲み干した。大谷刑部は三成を友として生涯ついていった。

・「Q．のどが渇いていた豊臣秀吉に石田三成がお茶を3回に分けて出したとき，どのような出し方をしたか」※個人思考→小集団意見交換→発表。

【その他の活用（発問）例】

・関ヶ原の戦いに敗れ，処刑されるとき，石田三成は湯を求めた。そばにいた役人が代わりに「干し柿」を渡そうとしたが，三成は「体に悪いので」と辞退した。役人たちは「すぐに斬首の運命にある者が何を言うか！」と嘲笑した。三成は「大義を思う者は，首を斬られる瞬間まで望みを捨てずにいるものだ」と言い放ったという。

主な参考文献

・辻　達也『日本の歴史13　江戸開府』中公文庫，1974

安土・桃山時代

49 家康が恐れた真田一族！ 生き残りの戦略とは何か？

AL ネタ
探究型

> **ネタ→授業化のヒント**
>
> したたかに生きぬいてきた真田三代，そのねらいは，「家名を残すこと」であったが，幸村（信繁）は不朽の「武名」も歴史に残した。

授業のねらい 武士にとっての家の重要さを多様な視点から考察できる。

ネタ紹介＆指導過程（1時間）

「赤備え」で有名な真田三代とは，「幸隆―昌幸―信之・幸村（信繁）兄弟」の名将をいう。秀吉死後に起こった天下分け目の関ヶ原の戦いで，昌幸・幸村と信之とが袂を分かち戦った。有名な「犬伏の別れ」である。

① 導入クイズ（真田家の家紋「六連銭」を見せて）

・「Q．真田家の家紋は有名な『六連銭』です。この家紋にはどういう意味がありますか？ 次から選びなさい」 1．金のために戦う 2．神のために戦う 3．命をかけて戦う（A．3）※一斉挙手。「六連銭は俗に『六文銭』ともいわれます。六文銭は三途の川の渡し賃です。命をかけて戦う決意を込めたといいます。真田の意地の象徴でもあります」

②関ヶ原の戦い前夜の概要

> 1598年，豊臣秀吉が伏見城で死去した。その後，五奉行の石田三成を中心とする西軍と五大老の徳川家康を大将とする東軍が岐阜県の関ヶ原で激突した。ここで，真田一族は決断を迫られた。

③課題提示

☆「Q．父の真田昌幸と信之（兄）と幸村（弟）が栃木県の犬伏で密談を行い，東軍・西軍に対する真田家の対応を決めました。では，どのような対応をとったのでしょうか？ 次の資料を参考にしてください」

> 父の昌幸は，徳川家康と戦ったこともあるが，その後家康にも仕えて

いる。また，豊臣秀吉にも仕えたことがある。兄の信之は徳川家康に仕え，家康の有力家臣の娘を妻にしている。弟の幸村は，豊臣秀吉に仕え，秀吉の有力家臣の娘を妻にしている。

④小集団意見交換＆全体発表
【生徒の回答例】
　昌幸が家康とも戦ったことがあるので，家康の手の内を知っており，西軍に一族でつくことを決めた／真田の生き残りを考えて，信之と幸村兄弟は東軍と西軍に分かれて戦った。昌幸は中立を示して戦に参加しなかった
⑤解説と学習のまとめ（NHKドラマ「真田太平記」を視聴させる）
　「昌幸は幸村とともに西軍に，信之は東軍について戦いました。昌幸は，『このような状態で父子が引き裂かれても，家のためには良いことである』と述べたといいます。この時点では，東西両軍の勢力は流動的でした。西軍・東軍どちらが勝っても，真田の家名を残す可能性がありました。昌幸の苦渋の決断でした。後の大阪の陣では，幸村が武名を信之が家名を現在まで残しました。事実，幸村は大阪夏の陣で，愛用の十文字槍を引っ提げて家康の本陣に突撃し，家康を一時は死を覚悟させるぐらいの戦いを見せ，散りました。家康を怖れさせた男として幸村は，敵からも「日本一の兵」と称賛され，東軍の名立たる武将が，幸村の首から頭髪を抜いてお守りにしたといいます」

☆【評価規準・判定基準＜思考・判断・表現力＞】

評価A（十分満足）	評価B（おおむね満足）	評価C（指導の手立て）
他大名の動き・家の存続の視点から論理的に記述できている。	家の存続の視点から論理的に記述できている。	真田一族との人間関係を復習し，予想行動を考えさせる。

■主な参考文献
・山名美和子『真田一族と幸村の城』角川新書，2015

江戸時代

50 徳川家康の趣味は何？

導入ネタ

ネタ→授業化のヒント

徳川家康は，長命のため鷹狩と薬の調合が趣味の「健康オタク」であった。幼少時からの苦労の連続が家康を「忍耐の男」とした。

授業のねらい 徳川家康の生き残り戦術と家名存続が説明できる。

ネタ紹介＆導入方法

「人の一生は重き荷を負うて遠き道をゆくがごとし」の言葉で有名な徳川家康は，「忍耐」の人であった。幼くして両親と生き死に分かれ，10代の青春時代は今川義元の人質で死と隣り合わせであった。信玄との戦いで討ち死にしかけるぐらいの惨敗を喫し，信長の命令で長男信康を殺され，秀吉には天下統一レースでは後塵を拝した。そこから汲み取った教訓は，「信長や秀吉などライバルよりも一日でも長生きしてチャンスを待ち，つかむこと」であった。家康は長生きのために薬草の研究を始め，自ら丸薬を製造し服用した。また，晩年まで鷹狩を行い，体力の維持に努めたという。家康は子だくさんであった。しかも側室の家柄は高くない。これは，今川義元により政略結婚させられた最初の妻（築山殿）との不和と裏切り（武田氏と内通）が尾を引いていると思われる。身分の高い女性にはこりごりだったのであろう。

・「Q．徳川家康が健康のために行った趣味で，間違っているものを次から選びなさい」1．相撲　2．鷹狩　3．薬づくり（A．1）※一斉挙手。

【その他の活用（発問）例】

・家康は，信頼していた京都の有力商人から紹介された「鯛の天ぷら」を食べ過ぎて体調を崩し，そのまま病床に臥せって死んだ。あれほど健康に気を遣った家康も，美食の誘惑に勝てなかったのかもしれない。

主な参考文献

・辻　達也『日本の歴史13　江戸開府』中公文庫，1974

51 江戸の愛と死

江戸時代

導入ネタ

ネタ→授業化のヒント
心中は封建社会に対する異議申し立てだった。それゆえ幕府は厳罰で臨んだ。不況など社会の閉塞感が時代背景にあった。

授業のねらい 江戸の恋愛慣習を通して封建社会の特徴が説明できる。

ネタ紹介＆導入方法
　現代と違って江戸時代の恋愛は命がけであった。身分などの壁があって実らぬ恋となれば，よけいに燃え上がるのが恋というもの。行き着くところは，「心中（男女間の情死。本来は「相手に誠を尽くす」という意味）」である。元禄のころに近松門左衛門の『曽根崎心中』が大当たりし，心中が流行した。幕府は厳罰で臨んだ。心中を遂げた2人の遺体を晒したうえ，捨ておかれた。もちろん遺族による遺体引き取りや葬式はできない。一人が生き残れば死罪。両方生き残った場合は，3日間晒されたうえ非人の身分に落とした。元禄の終わりは5代将軍綱吉の治世で，身分意識の強制による個人の圧迫と不景気による閉塞感が広がっていった。そんな時代にあって，愛を貫き通し心中した2人へのあわれさとかすかな羨望が，人々の共感を呼んだのだろう。
（「曽根崎心中」の概略説明とNHK「その時歴史が動いた　人間ドラマ誕生〜近松門左衛門　曽根崎心中〜」の心中シーンを視聴させる）
・「Q．心中を遂げた2人はどのように処置されたか，次から選びなさい」
　1．2人のお墓に入れた　2．罪人の墓に入れられた　3．捨てられた
　（A．3）※一斉挙手。この後，円山応挙画「七難七福図巻」を見せる。

【その他の活用（発問）例】
・男女が愛情を誓うのに，腕などに「入れ墨」をすることがあった。相手の名前や「命」という文字を彫りこんだという。

主な参考文献
・『週刊朝日百科63　日本の歴史　仇討・殉死・心中』朝日新聞社，2003

江戸時代

52 究極の選択！ 天災時，子どもと親どちらを選ぶ？

AL
ネタ

探究型

> ネタ→授業化のヒント

「家」や「孝」を重んじる江戸時代の価値観が，天災遭遇時の避難の中で，子より親を選ぶ（救助）行動をさせる。

授業のねらい 天災時に表れる社会の価値観を多様な視点から評価できる。

ネタ紹介＆指導過程（1時間）

　1707年に発生した宝永大地震後の巨大津波を記録したものに，土佐藩士の柏井貞明の「柏井難行録」がある。そこから海岸沿いでの地震遭遇後における間違った行動や，先祖伝来の家宝を探しに倒壊した家に戻る行動，さらには津波で溺死寸前の貞明の父の母親を救出するために貞明の父が背負っていた娘（貞明の妹）を捨てた行動など，災害時の避難における教訓や江戸社会の価値観を考えることができる。現代の価値観とは異質な江戸の価値観（家制度や極端な「孝」重視の精神）が顕著に表れた資料である。

① **導入クイズ**「Q．江戸時代の人は，地震や津波の前兆を何で知ったか，次から選びなさい」1．川が逆流する　2．池が波立つ　3．井戸水が涸れる（A．3）※一斉挙手。

② **防災知識確認**　次の江戸時代の地震と津波災害の記録文を読み，「正しい避難法」の観点から「間違っていると思う箇所にアンダーラインを入れ，正しい行動を考えてワークシートに記入しなさい」

　1707年，宝永大地震が発生したとき，土佐（現在の高知県）藩士柏井貞明は9歳で，祖母，父，母，兄弟，妹と「種崎」という砂浜沿いの家（海抜2m）にいた。地震により家が倒れると思い，家の外に出た。すると目の前の海が干しあがっていた。祖母が「これは『なや（地震）』だ。早く藪の中に入れ」と言った。そして全員でそこに避難した。
　すると，どこからか「津波が来るぞ！山に入れ！」という声がした。

> だが，家にもどって先祖伝来の刀を取り出そうとした。やっとのことで倒れた家から重い刀を取り出し，兄と貞明が抱えて1.5キロ先の山へ避難を開始した。だが，一家で避難している間に津波が押し寄せてきた。父親が5歳の娘（貞明の妹）を背負っていた。貞明も父親の帯につかまっていた。すると祖母が津波で流された家屋のそばで危うくなっていた。それを見た父親は……。

③「避難行動の修正個所」の発表　※挙手 or 指名。
　【修正箇所例】　海沿いで地震に遭遇したら，すぐに高台に逃げる。
④父親の行動予想　「父親がとった行動を記入しなさい」
⑤小集団意見交換＆全体発表
【生徒の回答例】　祖母を見捨てた／貞明に妹を預け，祖母を救助した
⑥事実提示と探究
☆「Q．なぜ父親は，我が子を捨てて，祖母（自分の母親）を助けようとしたのだろうか？」
【生徒の回答例】　祖母より妹のほうが助かる確率が高いと判断したから／江戸時代は儒教の影響が強く，子どもより親が大切だから
⑦学習のまとめ
☆【評価規準・判定基準＜思考・判断・表現力＞】

評価A（十分満足）	評価B（おおむね満足）	評価C（指導の手立て）
江戸社会の儒教的影響と道徳知識を踏まえつつ，自己の価値観を記述している。	江戸時代の道徳知識を踏まえて自己の価値観を記述している。	孝行という江戸の道徳知識を思い出させて行動理由を考えさせる。

■主な参考文献■
・磯田道史『天災から日本史を読みなおす　先人に学ぶ防災』中公新書，2014

53 駆込寺はどんな寺？

江戸時代

導入ネタ

ネタ→授業化のヒント

社会的地位の低い女性の離婚には大きな壁があった。駆込寺は，中世以来のアジール（俗権力が及ばない避難所）であった。

授業のねらい 女性の離婚事情を通して封建社会が説明できる。

ネタ紹介＆導入方法

　江戸時代，女性の離婚は大変だった。夫のほうは「三行半」（みくだりはん）を書いて渡すのみ。妻のほうは下記の条件が原則必要で，妻の地位は低かった。条件の一つに女性のための駆込寺（縁切寺）があった。中世以来，寺社は神聖な空間でアジール（聖域）であった。幕府は下記の２か所の寺を指定した。当時，夫の不倫や暴力行為は，離婚理由にはならなかった。反面，妻のほうは不倫発覚で死罪だった。妻が勝手に再婚すると重婚や姦淫の罪に問われ，丸坊主にされた。その一方で，秘かに浮気をし，夫との離婚後に浮気相手と再婚する目的の勝手な駆込みもあったという。

・「Q．江戸時代に変わった寺が２つありました。どんなお寺か，次から選びなさい」１．女性のお見合い場所　２．女性の出産場所　３．女性の離婚届場所（A．3）※3年間尼僧として生活することが条件であった。駆込寺は，満徳寺（群馬）と東慶寺（神奈川）。いずれも尼寺。

【その他の活用（発問）例】

　女性が離婚できる条件は，上記以外に次の２つであった。

・妻の持ち物を夫が無断で質入れした場合
・夫が家出し，10ヶ月以上帰ってこなかった場合

主な参考文献

・水戸　計『教科書には載っていない江戸の大誤解』彩図社，2013
・『週刊朝日百科26　日本の歴史　楽市と駆込寺』朝日新聞社，2002

54 江戸時代 ジブリ映画「おもひでぽろぽろ」に出てくる商品作物は何？ 〈導入ネタ〉

ネタ→授業化のヒント

商品作物の栽培は，百姓の収入増加と各藩専売収入による特産物を生み出した。作物栽培に必要な人糞肥料は売買の対象となった。

授業のねらい 特産物栽培が与えた社会的影響を多様な視点で説明できる。

ネタ紹介＆導入方法

　紅花は江戸時代以来現在まで，出羽地方の特産物で，染料や油として加工され全国の交通網にのって取引された。百姓にとっては貴重な収入源であった。後に諸藩は，財政再建策として専売を行った。ところで，畑でよい商品作物を育てるには，人糞の肥料が必要だった。百姓は，町の個人家屋や長屋の共同トイレに溜まる人糞を買いに出かけた。町人にとっては，人糞の引き取りと収入にもなるので，一石二鳥であろう。ちなみに共同トイレの人糞代金は，大家の懐に入った。収入は年間3両（約30万円）になるものもあり，人糞の引き取り価格も，大名から庶民までの順で低下していった。食事内容の違いで人糞にも身分（ランク）があったのである。

（映画『おもひでぽろぽろ』の「紅花」栽培シーンを視聴させる）
・「Q．この花の名前を次から選びなさい」 1．紅花　2．チューリップ　3．バラ（A．1）※一斉挙手。・「Q．この花は商品作物として栽培されました。何に利用されたのでしょうか？」※挙手or指名。

【その他の活用（発問）例】

　現在の山形県では，夏の風物詩として開催されている祭が「花笠祭」で，紅花をつけた笠をもって踊る。

主な参考文献
・水戸　計『教科書には載っていない江戸の大誤解』彩図社，2013
・『週刊朝日百科62　日本の歴史　弁財船と三都』朝日新聞社，2003

江戸時代

55 マーケティングの元祖！三井の越後屋の繁盛術とは何？

AL ネタ
探究型

> ネタ→授業化のヒント
>
> 三井の越後屋呉服店を創業した三井高利は，店頭販売，現金商売，広告戦略，多角化経営など商売に革命を起こし，現代にも影響を与えた。

■授業のねらい　三井の商売術を多様な視点から考察し，説明できる。

■ネタ紹介＆指導過程　（1時間）

　17世紀半ば，店先売，即日仕立て，現金販売，広告戦略，多角化経営など江戸時代の商売に革命を起こした越後屋呉服店の創業者三井高利は，客の需要志向をつかむマーケティングの元祖であった。

①**導入クイズ**「Q．右の絵は，何だと思いますか？　次から選びなさい」1．芝居ポスター　2．美人コンテスト　3．広告のちらし（A．3）

店頭美人図

※一斉挙手。「当時では画期的な広告戦略です。

　『引札（ひきふだ）』と呼ばれる広告チラシ中の美人が着用している着物は店の商品で，右端に店のマークも見せています。これを三井は50万枚刷って一軒一軒に配ったそうです。これにより来客数が増加し，売り上げが大きく伸びました」

②**課題提示A**（「三井の越後屋」の次の絵を見せて）

☆「Q．呉服問屋を営んだ三井の越後屋の創業者三井高利の商売術は，現在では常識ですが，当時では非常識でした。現在の服屋をイメージしながらこの絵を見て，気づいたところをワークシートに記入しなさい」

浮絵駿河町呉服屋図

③**小集団意見交換＆全体集約**

【生徒の回答例】　店先でお客に接客している／店の中でも着物を見せている／店の中で店員がそろばんを使って値段の交

渉をしている
④課題提示B（店に貼ってある「現金掛け値なし」の紙に注目させて）
　「Q．この貼り紙の意味を考えましょう。現金というのは何でしょうか？」挙手or指名。「そうですね，現金支払いです。では，『掛け値』なし，とはどういう意味でしょうか？　現金以外の支払い方法を考えてみてください」挙手or指名。「そうですね，後払い。クレジットカードとよく似ています。当時は，お客を信用して代金の後払いが常識で，その分，値段が割高＝掛け値（後払いの利子のようなもの）でした。それを三井はやめて，値段を安くする代わりに現金支払いのみとしたのです」
⑤資料の解説＆学習のまとめ
　三井の越後屋を創業した三井高利は，商売の革命を起こしました。「店頭販売（当時は武家を中心とした訪問販売），客の要望に応じた着物の切り売り（当時一反単位），接客サービス（商品ごとの専門スタッフの配置），そして大胆な広告戦略です。導入の広告（ちらし）だけではなく，店にやってきたお客が突然の雨に困らないように，「三井のマークや名前入りの傘配布」も評判を呼びました。喜ばれると同時に店の宣伝にもなりました。その後，店の隣に両替屋（現在の銀行）をつくったのも，お客の金銀交換の利便性を考えたためです。現在の三越百貨店や三井住友銀行など三井グループは，三井の越後屋がルーツとなっています。
☆【評価規準・判定基準＜思考・判断・表現力＞】

評価A（十分満足）	評価B（おおむね満足）	評価C（指導の手立て）
現代の商業行為の視点も入れて資料を読解し，論理的に記述できている。	資料中の商業行為を読み取り，記述できている。	資料を見て，現代の服の店と比較し，その共通・相違する部分を記述させる。

▶主な参考文献◀
・竹内　誠監修『謎解き！江戸のススメ』NTT出版，2013

江戸時代

56 武士の家計簿「出世しやすい能力とは何？」

判断型（評価）

> **ネタ→授業化のヒント**
>
> 体面を重んじる武家社会で，体面と借金現実の狭間で揺れる御算用者（算盤を駆使した会計のプロ）が選んだのは，緊縮であった。

授業のねらい 武士の家計から武士の意識（道徳）を考察し，評価できる。

ネタ紹介＆指導過程（1時間）

19世紀前半，加賀藩御算用係の猪山家の当主後継者には，幼少のころより厳しい算盤や習字などのスパルタ教育が施された。猪山直之は抜群の算盤技術と会計能力及び能筆を買われ，藩主の祐筆（書記官）に抜擢された。

①導入クイズ「Q．加賀百万石の前田家の祖である前田利家について間違いは何か，次から選びなさい」1．算盤　2．槍　3．低い身長（A．3）※一斉挙手。

「前田利家は身長が180cm を超える長身で武勇の誉れ高く，槍の名人でした。また，算術が得意で当時輸入された算盤をいち早く使いこなし，自ら前田家の家計を算盤でチェックしていました」

②武士の専門職

「御算用者という前田家の『会計の専門家』に，猪山家があります。その『猪山家の家計簿』を手がかりに武士生活を学習しましょう」

「Q．江戸時代は『家柄』が第一でした。給料も『昔，先祖がこんな勲功を立てた』ということで家格が決まり，それに応じて給料（米で支給）が決まりました。しかし，猪山家は家柄ではなく，算盤の高い技能で給料をもらっていました。なぜ算盤技術が評価されたのでしょうか？」※挙手 or 指名。

【生徒の回答例】　能力に差がつきやすく，全体的に少なかったから／算盤は武士がやるものとは考えていなかったから

「江戸時代は士農工商と言われるように，武士は商業を卑しいものと考えていたので，お金を扱う算盤を習おうとはしなかったのです」

③課題提示
　「Q．猪山家の当主で直之の代のとき，年収の2倍以上の借金がありました。彼は家族会議を開いて金目になる家財道具をすべて売却しました。それでも借金が残りましたが，貸主の商人に10年返済ローンを承知させました。そんな中，娘の儀式（現在の子どもの成長を願う七五三のようなもの）がありました。武家のしきたりで出席者全員に『大きな鯛』をふるまうことになっていました。直之はどうしたでしょうか？　出席者は親族のみです」
【生徒の回答例】　大鯛をふるまった／小さい鯛をふるまった／本人と親族のみに大鯛をふるまった／鯛ではなく他の縁起物（昆布など）料理を出した
※（映画「武士の家計簿」を視聴させる）
　「直之は，全員に大鯛が描かれた絵を御膳におきました。当時，武家らしい行事をする必要経費は借金してでも支出するのが常識でした。そうしないと体面を大切にする武家社会から排除されてしまうのです」
☆「Q．直之の判断をあなたたちはどう評価しますか？」
④小集団意見交換＆全体発表
【生徒の回答例】　子どもがかわいそうで，直之は良くない／他で始末すべきである／家財道具を処分するくらい大変な家計状況なのでしかたない
⑤学習のまとめ
☆【評価規準・判定基準＜思考・判断・表現力＞】

評価A（十分満足）	評価B（おおむね満足）	評価C（指導の手立て）
武士社会の価値観と猪山家の状況知識を使って自己の価値観を論理的に記述できている。	猪山家の状況知識を使って自己の価値観を論理的に記述できている。	猪山家の家計を再度理解させ，直之の行為を判断させる。

■主な参考文献
・磯田道史『武士の家計簿「加賀藩御算用者」の幕末維新』新潮新書，2003

江戸時代

57 葬式仏教の誕生！ 江戸のお寺は町役場!?

ALネタ
探究型

> ネタ→授業化のヒント
>
> 幕府はキリシタン禁教に立ち，寺院に封建支配の末端行政組織として人民を管理させた。現在の葬式仏教のルーツは近世にあった。

■授業のねらい　幕府の寺院政策の特徴を考察し，説明できる。

■ネタ紹介&指導過程　(1時間)

①導入クイズ（安藤広重『東海道五十三次』の旅姿の絵を見せて）

「Q．江戸時代の庶民は，勝手に一人で旅ができませんでした。身分証明書が必要でした。では，それはどこで発行されたでしょうか？　次から選びなさい」1．町奉行（代官）所　2．寺　3．神社（A．2）※一斉挙手。

「Q．『往来手形（寺請証文）』が必要でした。そこには，『旅人の名前と旅先，旅の目的，さらには，病死などしたらその地で葬ってほしい』などが書かれてありました。そして，最後に書かれた文章は何でしょうか？」※挙手or指名。

【生徒の回答例】　寺の名前と住職／「キリシタンでないこと」

「1637年に発生したキリシタンを中心とする島原の乱は，幕府にキリスト教の恐ろしさを刻みつけました。その後，全国で定期的に宗門改め（「絵踏み」を実施しキリシタンかどうかを確かめる信仰調査）が義務化され，それを寺に行わせました。そして全国の人々をどこかの寺に属させて「檀家（那）」とし，寺は檀家となった者を「宗旨人別帳」で管理しました。現在の戸籍の役割を果たしました。寺は檀家の旅行以外にも，引っ越しや結婚でも身分証明となる寺請証文を発行し，幕府の行政機関の末端を担いました。これを寺請制度といいます。幕府は寺院法度を定め，寺院を支配しました」

②課題提示

☆「Q．幕府の寺請制度により寺院や庶民にはどんなメリットとデメリットがあるでしょうか？　ワークシートに記入しましょう」

③小集団意見交換＆全体発表
【生徒の回答例】

	［良い点］	［悪い点］
寺院	・お布施など収入が安定	・信仰に不真面目な人もいる
檀家	・葬式やお墓の心配なし	・お布施や法事など出費が多い ・信仰したくない教えの強制

④解説＆学習のまとめ

　「寺と檀家との関係がうまくいっているところも多かったと思いますが，中にはそうでないところもあったようです。次の資料を読んでください」

- 寺の住職が自分の言うことをきかない檀家に，宗門改めのときに寺請証文を出さなかったり，葬式を遅らせるなどの嫌がらせをする。
- 貧しい一人住まいの女性にも，盆や正月などにお供えを要求する。

　「檀家の心に寄り添い生きる希望を示してあげるはずの僧の中に，このような無慈悲な行為をする人もいました。寺請制度という特権にあぐらをかいた僧です。導師として葬式を行い，死者に戒名（仏弟子の証）を授け，位牌（死者の魂が宿る所）を仏壇に祭る習慣は江戸時代に生まれました」

☆【評価規準・判定基準＜思考・判断・表現力＞】

評価A（十分満足）	評価B（おおむね満足）	評価C（指導の手立て）
幕府の封建支配を踏まえた寺請制度を理解し，バランスよくメリットとデメリットを記述している。	寺請制度を理解し，バランスよくメリットとデメリットを記述している。	お寺の役割を市役所などの仕事内容に触れつつ理解させる。

▶主な参考文献◀

- 松尾剛次『葬式仏教の誕生　中世の仏教革命』平凡社新書，2011
- 『週刊朝日百科69　日本の歴史　旅信仰から物見遊山へ』朝日新聞社，2003

江戸時代

58 近世の罪と罰
「大泥棒鼠小僧次郎吉を裁く！」

AL ネタ
探究型

> **ネタ→授業化のヒント**
> 江戸の刑罰は，「身分的刑罰観と見せしめによる犯罪防止」を特徴とした。鼠小僧次郎吉は，武家の怨嗟を一身に受けてしまった。

■**授業のねらい** 江戸の罪と罰について多様な視点から考察し，説明できる。

■**ネタ紹介＆指導過程**（2時間〔①～④1時間，⑤～⑦1時間〕）

「盗みは大名屋敷のみ，人を傷つけず，盗むも捕まるもただ一人」，身分社会と打ちこわしが頻発する社会不安の中で，鼠小僧次郎吉が武家を手玉にとる痛快さに，庶民はヒーローを見た。それゆえ，武家側の自白引き出しのための拷問は，苛酷さを極めた。刀で皮膚を刻み，その上から塩を塗りつぶした。当時，拷問は合法化され，自白なしで判決は出せなかったからである。

①**導入クイズ**「Q．江戸時代の大泥棒鼠小僧は本名を何といったか，次から選びなさい」1．太郎吉　2．次郎吉　3．五郎吉（A．2）※一斉挙手。

②**鼠小僧次郎吉盗み事件の概要説明**

> 　1832年5月，鼠小僧こと次郎吉は，江戸にある大名屋敷に忍び入り，捕まった。次郎吉は当時37歳。拷問によって白状した次郎吉によると，「盗みに入ったのは大名屋敷のみ。商人の家より不用心。高い塀も身軽に越えた。盗んだ金は，バクチや飲み代などに使った」という。盗んだ金は，10年近くで3000両以上（現在の貨幣価値で9億円以上），侵入した大名家は100か所余りに及んだ。犯行は常に一人であった。複数いた妻には離縁状を渡し，罪が及ぶのを防いだと言われる。

③**「公事方御定書」の罪と罰の学習**（「公事方御定書」の資料とワークシートに「徳川幕府刑事図譜」など刑罰の絵入り解説をつける）
「Q．刑罰図や解説からわかることは何ですか？」※挙手 or 指名。

【生徒の回答例】　残酷な刑罰が多い／身分により刑罰が違う／体罰が多い
　「儒教の教えにより，主従，親子関係などで刑罰が違っていました。例えば，親を殺した場合は磔，人を殺し盗んだものは獄門（さらし首）でした。さらに死刑になる前に『引き回し』もありました。また，10両（30万円程度）以上で打ち首というように，盗みは厳罰でした。江戸の刑罰は，『見せしめによる犯罪防止を目的』としていました」
☆④判決案作成「君も町奉行！　次郎吉の判決内容を考えてみましょう！」
⑤小集団意見交換＆全体発表
【生徒の回答例】　10両以上は死罪なので，死罪／盗んだ額が多額，獄門
⑥次郎吉厳罰理由の探究
　「次郎吉は市中引き回され，打ち首のうえ獄門にされました。なぜこんなに厳しく罰せられたのでしょうか？」
【生徒の回答例】　盗んだ額がとても大きかったから／大名ばかりねらい，武士のプライドを傷つけた次郎吉への怒りがあったから
⑦学習のまとめ
☆【評価規準・判定基準＜思考・判断・表現力＞】

評価A（十分満足）	評価B（おおむね満足）	評価C（指導の手立て）
江戸の身分社会や道徳を踏まえ，幕府の刑罰の知識を使って判決案を複数の視点から論理的に記述できている。	幕府の刑罰の知識を使って判決案を論理的に記述できている。	次郎吉の事件の概要を復習し，幕府の刑罰規定にあてはめながら考えさせる。

■主な参考文献■
・竹内　誠監修『謎解き！江戸のススメ』NTT出版，2013
・『週刊朝日百科72　日本の歴史　法度と掟』朝日新聞社，2003

江戸時代

59 100均ショップの生みの親!?
田沼意次の柔軟経済術!

AL
ネタ

探究型

> ネタ→授業化のヒント

幕府の財政改革の一環として,田沼意次は貨幣の流通改革(四文銭＜100円＞の鋳造)を行い,新規商売が次々に誕生し,活性化した。

▶授業のねらい 田沼意次の貨幣改革の内容を多様な視点から考察できる。

▶ネタ紹介＆指導過程 (1時間)

①導入クイズ

「田沼意次とはどんな人物? 間違っているものを次から選びなさい」

1. 家柄抜群 2. 男前 3. 謙虚な性格 (A. 1)※一斉挙手。

「600石の家柄でした。家重の小姓,家治の側用人,最終的には5万7000石(100倍近い給料!)の老中まで出世しました。田沼は若いころからイケメン風の顔立ちと女性への心遣いから大奥の女性に大変人気がありました。さらに,わいろ政治家というようにダーティー(汚い)なイメージがありますが,実際は,『相手の身分に応じて態度を変えるのではなく,分け隔てなく接しなさい』と子孫に言葉を遺しています。実際,親しみやすい性格で,下級武士にも親切に声をかけるなど最高実力者になっても謙虚であったといいます」

☆②課題提示(教科書の貨幣の種類と交換条件の資料を見せて)

「老中の田沼意次は,貨幣の流通による庶民の生産と消費活動を活性化させようと考え,新しい流通貨幣として小額の貨幣(銅＜銭＞貨)を造りました。次のお金の種類と交換条件及び物価表を見て,貨幣の額とその理由を考えて記入しましょう」※1文は現在の貨幣価値で25円

> 銭湯:8文,そば16文 浮世絵:24文,長屋(アパート)家賃:400文

③小集団意見交換＆全体発表

【生徒の回答例】

1文を多く使うのは不便なので8文の銅貨を造った/幕府の貨幣は4の倍

数で交換されているので４文の銅貨をつくった

④小額貨幣の解説と発問

「江戸時代は，４進法（４の倍数）で貨幣価値が決められているので，田沼意次は『四文銭』という貨幣を造りました。現在の100円に相当します。実際には長崎貿易で『銅』を輸出するようになったので，真鍮で造られるようになり，使い勝手の良さで民衆の間で流通しました。そして四文銭をあてこんだ商売（ビジネス）が生まれたのです」

「Q．どんな食べ物が売られるようになったと思いますか？」

【生徒の回答例】　団子，お菓子など

「団子やお菓子，おでんや煮魚などファーストフードのような100円均一の屋台が生まれました。特にみたらし団子は串に５個ついていたのが，四文銭の登場から４つになったということです。現在の東京でも，団子の数は基本的に４つです。田沼の貨幣改革の影響でしょうか」

⑤江戸の「金銀交換」の経済解説＆学習のまとめ

「田沼は長崎貿易の銀での決済や西日本に銀山が多いことからくる金銀交換の不便さ（銀は秤で金貨や銅貨と交換）を改革し，小判と銀貨が数えて交換できる『南鐐二朱銀』という貨幣を発行し，多く流通させました」

☆【評価規準・判定基準＜思考・判断・表現力＞】

評価Ａ（十分満足）	評価Ｂ（おおむね満足）	評価Ｃ（指導の手立て）
貨幣交換の利便性と貨幣の交換条件の知識（４進法）や物価状況を踏まえ，意見が記述できている。	貨幣の交換条件の知識（４進法）と物価状況を踏まえ，意見が記述できている。	例から倍数への着目と，貨幣の交換条件の知識の復習から，新貨幣を予想させる。

▶主な参考文献◀

・『新発見！週刊日本の歴史33　田沼意次と松平定信』朝日新聞出版，2014
・竹内　誠監修『謎解き！江戸のススメ』NTT出版，2013

江戸時代

60 「1年を 20日で暮らす いい男」とは誰? ライバル対決! 谷風 VS 小野川

AL ネタ
探究型

ネタ→授業化のヒント

力士のしぐさやファッションは江戸文化の華であった。一方で各藩は、お抱え力士の活躍によって藩の威風を誇示した。

授業のねらい 相撲を通して江戸文化の粋と武家の面子（めんつ）が考察できる。

ネタ紹介＆指導過程（1時間）

　相撲は奈良時代以来の歴史がある。現在の大相撲の原型ができた江戸時代、「歌舞伎と大相撲は江戸の華」であった。それゆえ力士には、強いだけでなく「粋（美意識）」が求められた。一方で、各大名がお抱え力士を利用して藩の威風を誇示した。幕末、ペリーも熱心に見学したという。

①導入クイズ（浮世絵の力士の絵を見せて）

　「Q.『1年を 20日で暮らす いい男』とは誰でしょう？ 次から選びなさい」1．相撲力士　2．歌舞伎役者　3．浮世絵作者（A．1）※一斉挙手。

　「現在の大相撲は年6場所（90日）、江戸時代は年2場所（20日）だったのです。と言っても、その間にも稽古はやっているのですが……」

　「Q．江戸時代、興行（見物料がいるイベント）相撲が開かれた場所を次から選びなさい」1．江戸城　2．寺院　3．神社（A．3）※一斉挙手。

☆②課題提示（現在の大相撲の立ち合いシーンを視聴）

　「江戸時代、相撲ファンが熱狂するライバル対決の大一番は、最高位の大関同士『谷風 VS 小野川』でした。あるとき11代将軍家斉の御前で『上覧相撲』が江戸城で行われました。行事は熊本藩の吉田追風でした。追風は上覧相撲の前日、『負けた力士を所属する藩の殿様の面子をつぶしたとして切腹させる』という嫌な噂を耳にしました。そして迎えた大一番、にらみ合う両者が立ち合おうとしたとき、小野川が『待った』をかけました」「Q．追風はどのような処置をしたでし

ょうか?」
③小集団意見交換&全体発表
【生徒の回答例】　小野川に注意をし,再度立ち合わせた／谷風に注意をし,自分本位の立ち合いをやめるよう注意した／小野川の負けにした
④解説&学習のまとめ
　「追風は谷風に軍配を上げました。将軍家斉が決まり手を問いただしたところ,追風は『気合い負け』と説明しました。実際,相撲をとって負けたわけではないので,小野川も首をはねられないという予測による苦渋の決断でした。相撲の勝負に藩の名誉と力士の命がかかる大一番でした」
[番外編　江戸時代の相撲ネタ]
・土俵は初め「人垣」　・現在の横綱の地位はなく,最高位は「大関」。
・四股(しこ)を踏むのは,「地の下にいる邪悪なもの」を封じ込める行為。
・まわし1本で相撲をとるのは,神に対して正々堂々と勝負する誓い。
・力水,塩をまく行為は,神に対する清め。　・相撲字も粋。「地の部分をなくして観客で一杯になる」縁起のいい字。　・金糸や銀糸の豪華なまわしや化粧まわしなど粋なファッションが人気。　・勝率9割以上の「雷電」(松江藩所属)は,あまりの強さから相手のケガ防止のため「張り手や突っ張るなど」3つの技を禁止されたといわれています。
☆【評価規準・判定基準<思考・判断・表現力>】

評価A（十分満足）	評価B（おおむね満足）	評価C（指導の手立て）
行事の考えや藩の名誉に触れつつ勝敗の理由を論理的に記述できている。	藩の名誉がかかった勝敗の理由を論理的に記述できている。	課題内容を再度復習・理解させて意見を記述させる。

■主な参考文献
・竹内　誠監修『謎解き！江戸のススメ』NTT出版, 2013
・中村　哲編『和文化―日本の伝統を体感するQA事典』明治図書, 2004

61 「自由・平等」を唱えたルソーはどんな親だった？

18世紀／導入ネタ

> **ネタ→授業化のヒント**
>
> 不幸な生い立ちから独学したルソーは，社会思想に大きな影響を与えた。そのルソーの子どもたちはすべて孤児院に預けられた。

授業のねらい 市民革命思想に影響を与えたルソーの人物像が説明できる。

ネタ紹介&導入方法

　ルソーは幼くして両親と別れた。ただ彼は美少年だったため，多くの蔵書をもつ男爵夫人に引き取られて独学した。この経験がルソーの学問的基盤を形成した。「人民は代表者をもつやいなや，もはや自由ではなくなり，もはや人民としては存在しなくなる」（『社会契約論』）というルソーの言葉は，代議制を否定し，直接民主制を主張した。祖国スイスのジュネーブの制度を理想としたのである。

　「Q．ルソーと自分の子どもとの関係で正しいのは次のどれですか，次から選びなさい」1．子どもを孤児院に入れた　2．子どもから暴力をふるわれた　3．子どもが全員幼くして死んだ（A．1）※一斉挙手。

　「テレーズという女性との間に5人の子どもがいましたが，すべて孤児院に預けました。ルソーは『エミール』という教育論を書いていたので，このことは世間から非難されました」

【その他の活用（発問）例】

・8歳のとき，寄宿先の女性から体罰を受けたと告白している。また，音楽に優れ，童謡「結んでひらいて」のメロディを作曲したといわれる。

主な参考文献

・堀川　哲『エピソードで読む西洋哲学史』PHP新書，2006
・ルソー，桑原武夫・前川貞次郎訳『社会契約論』岩波文庫，1954
・ルソー，桑原武夫訳『告白』上・中（1965）下（1966），岩波文庫

江戸時代

62 「鬼平」長谷川平蔵の人間改造法って何？

導入ネタ

> **ネタ→授業化のヒント**
>
> 長谷川平蔵は懲罰ではなく「更生」の視点で「人足寄場」を設立し，無宿者増加による社会不安の解消に努めた。

授業のねらい 寛政の改革における江戸の治安対策が説明できる。

ネタ紹介＆導入方法

　「鬼平」こと長谷川平蔵は，松平定信が行う寛政の改革の中で，火付盗賊改方という殺人など凶悪犯罪を取り締まる特別警察のリーダーであった。若いときの悪友との悪所通いが，犯罪人の心理や人情の機微を察し，捜査・逮捕に役立った。江戸の「やばい（危ない）」などの「泥棒言葉」を理解し，裏世界に通じていたという。一方で，平蔵は「懲罰」だけではなく，犯罪者に技術を習得させ社会復帰を促す「更生」思想が，社会の安定になると考えた。この思想は，後の明治の近代的な監獄所開設に大きな影響を与えた。実際，平蔵が設立した人足寄場では，隅田川の石川島に無宿人などを収容し，3年間，教育や職業訓練を施した。施設内の労働手当の一部を積み立て，出所後の生活費にした。職業斡旋や仮出所の制度もあった。
（TVドラマ「鬼平犯科帳」を視聴させる）
・「Q．長谷川平蔵が江戸に作ったものを次から選びなさい」
　1．格闘技場　2．遊園地　3．職業訓練場（A．3）※一斉挙手。

【その他の活用（発問）例】
・「Q．長谷川平蔵が若いときどんな青年だったか？　次から選びなさい」
　1．病弱　2．暴れん坊　3．優等生（A．2）※一斉挙手。

主な参考文献
・重松一義『鬼平　長谷川平蔵の生涯』新人物往来社，1999
・瀧川政次郎『長谷川平蔵―その生涯と人足寄場』中公文庫，1994

江戸時代

「オットセイ将軍」徳川家斉の元気の源とは何？

導入ネタ

ネタ→授業化のヒント

徳川家の存続こそが将軍の一大仕事！　徳川家斉は，健康に気をつけ，多くの子どもをもうけた。将軍の1日は早起きから始まる！

授業のねらい　徳川家斉を通して江戸城の大奥の生活が説明できる。

ネタ紹介&導入方法

　庶民が謳歌した化政文化の時代，徳川歴代将軍の中でも断トツの子持ち将軍といえば徳川家斉である。ニックネームはオットセイ将軍。1匹の雄のオットセイが数十匹の雌を従えることに由来すると言われる。50年以上最高権力の地位にあった家斉がもうけた子どもの数は55人。正室・側室・愛人を含めると40人以上いたと言われる。ちょうど文化・文政時代の治世下で江戸の庶民的な文化が隆盛したころである。家斉の1日は朝6時ごろ起床。洗顔後，歴代の位牌を拝むことから始まる。その後，汗をかくまで庭園を散歩し，血液の循環をよくした。午前8時ごろ毒見をさせた後，朝食をとりながら髪の手入れ。奥医師の診察があり，講義や剣術・馬術などで汗を流す。大奥で昼食後，午後から政務を見た後，お風呂に入る。小姓が糠袋で体を洗う。一度使った糠袋を小姓たちに与えた。入浴後夕食。酒は好物だが，晩年は健康のため三献以上飲まなかったという。その後，大奥で就寝し，1日が終わる。

・「Q．徳川家斉が毎日食べていた好物を次から選びなさい」

　1．にんにく　2．しょうが　3．しいたけ　（A．2）※一斉挙手。

【その他の活用（発問）例】

・しょうがを献上していた板橋宿では，しょうが以外の年貢を免除されていた。

主な参考文献

・水戸　計『教科書には載っていない江戸の大誤解』彩図社，2013
・北島正元『日本の歴史18　幕藩制の苦悶』中公文庫，1974

64 江戸時代 寺子屋の授業料はいくら？

導入ネタ

ネタ→授業化のヒント

寺子屋の授業料は家庭事情によって決まり，個別指導であった。この基礎学力は，日常の読み書き計算の能力上，不可欠だった。

授業のねらい 庶民の教育の実態とその社会的意味が説明できる。

ネタ紹介＆導入方法

　庶民が学ぶ寺子屋（手習い屋）の授業料は，生徒の家庭事情によって違った。また，義務教育ではないが，日常生活の量り売りや年貢の収量計算能力，お触れ書き（命令書）の理解力が不可欠であった。この基礎学力が，庶民が社会の不合理を見抜き，抵抗する武器とした点に気づかせたい。

（渡辺崋山筆「一掃百態」を見せて）
・「Q．寺子屋の授業料で正しいものを次から選びなさい」1．米1俵（約60kg）　2．約3万円　3．決まっていない（A．3）※一斉挙手。

　「授業料は家庭事情に応じて支払われ，決まっていませんでした。先生は，僧侶や神主，武士などで，自由に寺社や自宅を教室として開きました。寺子屋（手習い屋）では，読み・書き・そろばん（計算）を7歳ぐらいから入門し習いました。学習の方法も，先生を中心に机が無造作に並んでいます。当時は現代と違って，一斉授業ではなく，先生による個別指導が中心でした。個人の事情で入門時期や登校・下校時刻，学習進度が違うのでこの方法がとられました」

【その他の活用（発問）例】

・教科書は，鎌倉時代の「御成敗式目」が使用されることが多かった。

主な参考文献

・磯田道史『江戸の備忘録』文春文庫，2013
・『週間朝日百科83　日本の歴史　江戸の学問』朝日新聞社，2004
・北島正元『日本の歴史18　幕藩制の苦悶』中公文庫，1974

江戸時代

65 なぜ二宮金次郎は荒廃した農村を復興できたのか？〔逆境編〕

探究型

> **ネタ→授業化のヒント**
>
> 幼少からの逆境の中，二宮金次郎が勤勉さと向上心をもって経験的につかみとった人生訓は，「積小為大」であった。

授業のねらい

二宮金次郎の農村復興策を多様な視点から考察し，説明できる。

ネタ紹介＆指導過程（1時間）

①導入クイズ（幼少時の尊徳が薪を背負って読書する銅像写真を見せて）

「Q．貧しさのため紙で練習ができないため，二宮金次郎が習字を行った方法を次から選びなさい」1．水　2．砂　3．木（A．2）※一斉挙手。

「箱に砂を入れて，棒で字を書いては消すを繰り返していました。また，同じ村人たちからつけられたあだ名は次のどれでしょうか？」1．土手坊主　2．土砂坊主　3．土蔵坊主（A．1）※一斉挙手。

「神奈川県小田原市の中流農家の長男に生まれた金次郎は，働いて得たお金で洪水に強い松の苗木を購入し，酒匂川の土手沿いに植えました。その後，金次郎は，父母の病死，酒匂川の氾濫による家屋や田畑の流出で，伯父に引きとられました。金次郎15歳のときでした。金次郎は，二宮家再興のために，朝昼は農作業，夜は遅くまで勉学に打ち込みました。そして暇を見つけては，荒地を開墾し，捨てられた稲の苗をそこに植えました。翌年には稲が実り，『米1俵（60キロ）』を手に入れました。この体験から金次郎はあることを悟りました。次の文章中の（　）に入る金次郎の言葉を記入しなさい」※挙手or指名。

> （　）さいことの（　）み重ねが，（　）きいことを（　）す。

「金次郎は『**積小為大**』ということを体験的に悟りました。彼の人生哲学となりました。その後，金次郎は勤勉さと工夫で二宮家の再興を果たしました。

☆②課題提示（NHK「その時歴史は動いた」の「二宮金次郎　天保の大飢饉を救う」を視聴させる）

「Q．金次郎は，小田原藩主に経営力を見込まれ，栃木県の桜町領の復興を命じられました。桜町領は，年貢米4000俵だったのですが，藩の浪費と領民の怠惰で年貢米も960俵に激減しました。金次郎の農村復興策を『金次郎の行動，農民のやる気，年貢米の設定，その他の視点』から考えましょう」

③小集団意見交換＆全体発表

【生徒の回答例】　金次郎自ら農作業を行った／農民同士競争をさせほうびを与えた／年貢を減らして農民を楽にした／楽しい行事を企画した

④解説＆学習のまとめ

「金次郎は，過去の年貢高を調査し，年貢を1005俵と設定しました。自らも開墾しました。また，村人の投票によって村長や忠勤者を選出し，ほうびを与えました。女性にも投票権がありました。10年に及ぶ金次郎の改革で，年貢米は2倍に増加し，余剰米も生まれました。金次郎の農村再生のキーワードは，勤労（真面目に働くこと），分度（収入の枠内で支出の限度額を守ること），推譲（剰余を蓄えたり，人に譲ること）でした」

☆【評価規準・判定基準＜思考・判断・表現力＞】

評価A（十分満足）	評価B（おおむね満足）	評価C（指導の手立て）
幕府の農業政策に触れ，金次郎の性格や考え方と現状を踏まえ，農村復興策を具体的に記述できている。	金次郎の性格や考え方と現状を踏まえ，農村復興策を具体的に記述できている。	人がやる気になるときはどういう条件や環境にあるときかを考えさせ，現状改善を記述させる。

■主な参考文献■

・清水将大『男の品格　二宮金次郎名言集』コスミック新書，2007
・『歴史をつくった先人たち　日本の100人78　二宮金次郎』デアゴスティーニ，2007

江戸時代

66 なぜ二宮金次郎は天保の大飢饉を乗り切れたのか？〔飛翔編〕

ALネタ
探究型

> **ネタ→授業化のヒント**
> 幼少よりの逆境で，二宮金次郎が勤勉さと向上心をもって経験的につかみとった人生訓は，「勤労・分度・推譲」であった。

授業のねらい 二宮金次郎の飢饉対策を多様な視点から考察し，説明できる。

ネタ紹介＆指導過程（1時間）

①導入クイズ（NHK「その時歴史が動いた」の「二宮金次郎　天保の大飢饉を救う」を視聴させる）

「Q．二宮金次郎は，1833年の初夏，天保の大飢饉発生の予兆をある作物を食べて感じた。その作物とは何か，次から選びなさい」1．きゅうり　2．なす　3．大根（A．2）※一斉挙手。

「初夏にもかかわらず，秋なすの味がするという異変を感じた金次郎は，農村復興の指導をした栃木県桜町領の農民に，寒さに強いヒエを植えなおすように命じました。金次郎の予感通り，その夏は冷夏で東北地方を中心に大凶作となり，天保の大飢饉が発生しました。餓死者が各地で増加する中，金次郎が指導した桜町領では，一人の餓死者も出さなかったということです」

②課題提示

「金次郎は故郷である神奈川の小田原藩から天保の大飢饉対策をするよう指示され，桜町領からもどってきました。金次郎は小田原藩内の村々を視察して回り，各村ごとに飢饉の災害レベルに応じて『無難・中難・極難』に分けさせました。極難の者で，すぐさま食料の手配が必要な者は，1か所に集めさせ第一優先で食事を与え，看病しました」☆「Q．しかし，極難の人々は増え続けました。金次郎はさらなる手を打ちました。各村の無難・中難の農民を集めて行った提案は何でしょうか？」

③小集団意見交換＆全体発表

【生徒の回答例】　中難，無難の人にお金や余った米を提供させる／極難の人

に，無難の人がお金や食料を出し，中難の人が看病する

④解説＆学習のまとめ

　「金次郎は，世の中で多発している『打ちこわしや一揆』を小田原藩で防止するためには，農民同士の助け合いが必要だと考えました。そこで，無難・中難の農民に余った金や米などを提供させて『基金』をつくり，そこから極難の農民に無利子で貸し出すという現在の信用組合のやり方を行いました。金次郎は『極難の農民たちが返すはずはない』と言って反対する無難・中難の農民に，次のような言葉で諭したといいます」

> 　同じ村に住み，同じ風に吹かれた仲間ではないか。怠けて貧乏人になった者もおり腹が立つだろうが，それでもお金や米を与えるのが，人情というものではないか。未来の実りを信じて，今こそ飢餓を救おう。

　小田原藩で集まった基金は4000両（4億円）。小田原藩から餓死者は出なかったといわれています。この基金は『報徳金（人の真心に報いるお金）』と呼ばれました。その後金次郎が依頼されて指導した村は600以上，水野忠邦の天保の改革では幕符の役人に取り立てられました。身分制の江戸社会にあって農民から幕府役人（武士）に出世するのは異例でした。しかも金次郎発案の信用組合は，明治から現代（掛川信用金庫）まで受け継がれています。

☆【評価規準・判定基準＜思考・判断・表現力＞】

評価A（十分満足）	評価B（おおむね満足）	評価C（指導の手立て）
金次郎の考え方（推譲）に触れ，飢饉対策が具体的に記述できている。	飢饉対策が具体的に記述できている。	余裕のある農民に協力させる方法を金次郎の考え方から推理させる。

■主な参考文献▶

・清水将大『男の品格　二宮金次郎名言集』コスミック新書，2007
・『歴史をつくった先人たち　日本の100人78　二宮金次郎』デアゴスティーニ，2007

幕末〜明治維新

67 ペリーのお土産で，幕府が喜んだものは何？

導入ネタ

ネタ→授業化のヒント

ペリーが幕府に贈った汽車の模型は，実物の２／３の大きさで動かすことができ，幕府の役人たちはその先進技術に興味津々であった。

授業のねらい 多様な視点からペリー像に迫り，幕末社会が説明できる。

ネタ紹介＆導入方法

　ペリーは，条約交渉の最中に「汽車の模型」を幕府に贈った。この模型は実物の２／３で，実際に円形の線路を敷いて動かすことができたので，幕府役人はとても興味を示した。客車の屋根に乗り，振り落とされまいと必死にしがみついている役人の姿が滑稽だったとペリーは著書に記している。一面，そこからは，日本人の最新技術に対する飽くなき好奇心が垣間見える。ところで，ペリーの肖像画は幕府作成のものと，「瓦版」（民間の新聞）に見られる「天狗や鬼のような顔」のものとに大別される。これは，幕府がペリー情報を遮断したためで，ペリーも，幕府の役人の邪魔が入り，庶民との触れ合いがままならないと記している。元寇時でもそうだが，日本人は外からの正体不明の「人」をおとぎ話によく出る「鬼」として描く習慣がうかがえる。

・「Ｑ．ペリーのお土産で幕府の役人が喜んだ「模型」とは何か？　次から選びなさい」１．車　２．汽車　３．船（Ａ．２）※一斉挙手。

【その他の活用（発問）例】

・幕府は，アメリカ側に「相撲」の興行を行ったとペリーの著書に見えるが，あまり関心を引かなかったようだ。ペリーは日本人女性に対して，容姿や立居振舞についても好印象をもった。ただ，既婚女性の「お歯黒（歯を黒く塗る習慣）」は残念だったようだ。

主な参考文献

・ペリー著，宮崎壽子訳『ペリー提督日本遠征記』上・下，角川ソフィア文庫，2014
・小西四郎『日本歴史19　開国と攘夷』中公文庫，1974

幕末〜明治維新

68 幕末の英語「ワシ・イット・テリュウ？」ってどういう意味？

導入ネタ

ネタ→授業化のヒント

幕末の開国で、日本人は英語と出会った。早くもインスタントの英会話集が出版されたが、発音で苦労した。

授業のねらい 英語を通して開国通商を行う幕末社会が説明できる。

ネタ紹介＆導入方法

　幕末のペリーショックは、「英語ショック」でもあった。日米修好通商条約締結以来、英語が開港場で飛び交うようになった。商売は、交渉など言葉を介さないと成立しない。そんな中、みずほ屋の清水卯三郎が商人用に『ゑんぎりしことば　あきうどのもちひならびにあひばなし』と題する英会話ガイドブックを出版した。それによると、英語で「ワシ・イット・テリュウ？」は、「それはまことにてありしか？（それは、本当ですか？　Is it true?）」となる。現代と同じ、幕末の日本人も発音で苦労したようだ。ちなみにアメリカ人による英語塾には新聞広告が出されたが、入塾者が相次いだといわれる。オランダ語をマスターした福沢諭吉が、開港場の横浜で通じず、英語の時代を痛感・落胆するも、すぐに英語に切り替えた。その柔軟な精神力と切り替えの早さは、驚嘆に値する。

・「Q．幕末の英語で『ワシ・イット・テリュウ？』ってどういう意味ですか？」※個人思考→小集団意見交換→全体発表

【その他の活用（発問）例】

・「アイスウエンキュウ（「われなんじにかたじけなし」＜ありがとう＞）」
・「ハマチ（ねだんなんぼ？）」、「モアチャント（商人）」、「ドロウトル（娘）」

主な参考文献

・奈良本辰也監修『図説　幕末・維新おもしろ事典』三笠書房、1989
・福沢諭吉『新訂　福翁自伝』岩波文庫、1978

幕末～明治維新

69 坂本龍馬の懐に入っていたものとは何？

導入ネタ

ネタ→授業化のヒント

坂本龍馬が懐に入れて携帯したといわれる「ピストルと万国公法」は，彼が構想した新しい日本の象徴であった。

授業のねらい 坂本龍馬が望む国づくりを考察し，幕末社会が説明できる。

ネタ紹介＆導入方法

　坂本龍馬の背中には生まれながらの「たてがみ」が生えていたという。薩長同盟から大政奉還成立に向けて，今でいうプロデューサー兼ディレクターのような立場で奔走した。幼少時は母親と死に別れ，寝小便たれで泣き虫でモノ覚えも悪いと言われた少年が，長じて彗星のごとく幕末日本の革命で輝きを放った。土佐の郷士の身分で受けた数々の屈辱，勝海舟など高名な人々との交流から，旧制度を壊して世界に開く新しい日本を構想し，その実現に命をかけた人であった。誕生日と同日に暗殺。

・「Q．坂本龍馬が懐に入れて携帯していたもので，『間違い』を答えなさい」
　1．恋人の写真　2．ピストル　3．国際法の本（A．1）※一斉挙手。
・「ピストルは，武士の時代の終焉と実用的で強力な武器を誰もが扱える平等な時代の到来を象徴しています。ちなみに龍馬は，「北辰一刀流」の達人でした。また，国際法の本とは，正式には「万国公法」と呼ばれ，海援隊を組織し諸外国との交渉やトラブルにも備えていたのでしょう」

【その他の活用（発問）例】

・「安政の大獄」で尊王攘夷志士を弾圧した幕府大老の井伊直弼のニックネームは，「チャカポン」。茶道・華道・鼓＜つづみ＞に堪能な教養人であった。

主な参考文献

・小西四郎『日本歴史19　開国と攘夷』中公文庫，1974
・池田敬正『坂本龍馬』中公新書，1965

明治時代

70 なぜ平民は苗字をつけなければならなかったの？ 導入ネタ

ネタ→授業化のヒント

明治政府の「名字必称」策による「名字」作成は，居住地に因むものが多く，中には新奇な名字でトラブルになることもあった。

授業のねらい 四民平等の象徴である名字の義務化の理由が説明できる。

ネタ紹介＆導入方法

明治維新後，政府は徴税や兵役の必要から平民に名字を名乗ることを命じた。「四民平等」の意味もあった。名字の機能は個人の特定である。名字の多くは居住する「地名」に由来するものが多い。名字を自分でつけられない者は，寺の住職や大家などがつけた。中には，「大根」，「蛸」など，いいかげんな名字をつけられ，いじめ問題から殺傷事件に至ったこともあったという。

・「Q．明治の名字をつける命令で，鹿児島のある村では，全員がある名字を名乗った。その名字を次から選びなさい」
 1．鰻（うなぎ） 2．鮪（まぐろ） 3．蛸（たこ）（A．1）※一斉挙手。

土地の有力者の姓をとった。由来は，地元にある「鰻の池」。ただ同一姓の多さは，個人や家の区別が不自由で，「本家の鰻」「新屋の鰻」などと呼び方を変えていたが，その後「改姓」した家も出てきたという。

【その他の活用（発問）例】

・名字で多い「田中」さんは，「田に居る中心」で，田んぼの支配者の意味があるという。一方，「中田」さんは，「田の位置」を示すためにつけられたもの。「上田，下田」，「西田，東田」などである。

・「天皇」には「名字＜氏姓＞」はない。これは，氏（血縁集団）や姓（朝廷での地位）を授ける立場で，氏姓を超越した存在だったからである。

主な参考文献

・紀田順一郎『名前の日本史』文春新書，2002
・丹羽基二『あっと驚く苗字の不思議』PHP 文庫，1995

明治時代

71 一万円札のモデル，福沢諭吉が憎んだものとは何か？

AL ネタ
探究型

> **ネタ→授業化のヒント**
>
> 福沢諭吉に「門閥制度は親の仇でござる」と言わしめた幼少期の屈辱と父の深い愛が，人の平等と学問による独立を説く根底にあった。

授業のねらい 福沢諭吉の教育思想を多様な視点から考察し，説明できる。

ネタ紹介＆指導過程（1時間）

①**導入クイズ**「Q．福沢諭吉が幼少時から好きなものを次から選びなさい」1．牛乳　2．砂糖水　3．酒（A．3）※一斉挙手。「母親から月代を剃られるのを嫌がったとき，後で酒をあげるからがまんしなさいと言われるぐらいでした。福沢諭吉は，後年『文明開化，演説，自由，経済，動物園』など数多くの英語から漢語訳した言葉をつくりました。明治初めに発表された『学問のすすめ』は大ベストセラーになりました。その一節を読んで，（①）〜（④）に入る正しい言葉を記入しなさい」※挙手 or 指名。

> 　天は（①）の上に（①）をつくらず，（①）の下に（①）をつくらず。すべての（①）は生まれながら貴（とうと）いや賤（いや）しいの区別がないのである。（①）の貴いとか賤しいとかは，（②）をするかしないかによって決まるのです。（②）を行い，身も（③）し，家も（③）し，国も（③）する必要があります。そのためには，（④）が必要です。（④）とは他の（①）の妨げをしないことをいいます。
>
> 　　　　　　　　　　　　　　　A．①人　②学問　③独立　④自由

②**課題提示**（NHK ドラマ「坂の上の雲」の「秋山好古が風呂屋の薪割アルバイトをしているときの秋山真之との会話シーン」を視聴させる）

☆「Q．福沢諭吉の『学問のすすめ』は明治初期の青年に青雲の志と希望の光を灯しました。それは福沢諭吉の幼少時の体験が言わせた言葉でした。福沢諭吉は現在の大分県の中津藩下級藩士の家柄でした。5人兄弟の末っ

子として諭吉が生まれたとき，父親が諭吉を将来『坊主』にするつもりだったと，父の死後に母から聞かされます。諭吉は父親の深くも悲しい愛情を感じました。諭吉は父親のどのような愛情を感じたのでしょうか？」

③小集団意見交換＆全体発表

【生徒の回答例】

・5人兄弟の末っ子なので家を継げず，学問をさせるために坊主にした。
・末っ子のため兄たちから甘やかされるのを心配して諭吉を躾けるため。

④学習のまとめ

「諭吉が書いた次の自伝の一節を読んでください」

> 先祖代々，家老の家に生まれたものは家老，足軽は足軽と秩序が何百年たっても，ちっとも動かない社会。父親は，私がどんなことをしたって名をなすことができない。僧になれば魚屋の子も大僧正になった話はいくらもある話。私の行く末を案じ，坊主にして名を成さしめようとする父の心中の苦しさ，愛情の深きを私は幾度も思い出しては泣いた。私にとって門閥制度は，親の仇（かたき）でござる。

「福沢諭吉が終生憎んだもの，それは人の力ではどうにもならない『生まれによる差別』だったのです。学問はそれを打破する武器だったのです」

☆【評価規準・判定基準＜思考・判断・表現力＞】

評価A（十分満足）	評価B（おおむね満足）	評価C（指導の手立て）
身分制度と家の相続，学問による自主独立に触れ，自己の意見が記述できる。	学問による自主独立に触れ，自己の意見が記述できる。	江戸社会の身分制度を教科書で復習し，諭吉の家庭環境から考えさせる。

■主な参考文献▶

・福沢諭吉『新訂　福翁自伝』岩波文庫，1978
・福沢諭吉『学問のすすめ』岩波文庫，1942

明治時代

72 仏から神へ！ 明治維新の廃仏毀釈はなぜ起こったのか？

AL
ネタ

探究型

ネタ→授業化のヒント

天皇による神権政治の一貫であった神仏分離令を契機に，寺院に対する前代の民衆支配の不満と経済的理由から廃仏毀釈は発生した。

授業のねらい 廃仏毀釈の背景を多様な視点から考察し，説明できる。

ネタ紹介＆指導過程（1時間）

「五箇条の御誓文」の学習とセットで実施。1868年3月17日，「神仏分離令」が出され，江戸時代までの「神仏習合」の思想を否定し，神社から仏像や仏具，経典などを除外し，神社にいる僧も還俗させるなどの旨の命令が出された。明治政府は，王政復古と祭政一致を理念として掲げ，天皇は天照大神の子孫であり，神の子孫である天皇が政治を行うしくみをつくった。ただ明治政府は，神仏の分離を命令したのであって，仏教弾圧を意図したものではなかったが，これ以後，寺院や仏像の破却など「廃仏毀釈（はいぶつきしゃく）」が発生した。それはまるで，江戸時代の仏教保護政策（寺請制度など）の反動であるかのように。

①導入クイズ

「Q．子どもが生まれたら，1か月ぐらいして健康祈願のためにどこに行きますか？」※挙手or指名。「神社ですね。実は明治の初め，この宮参りが義務化され，必ず戸籍簿にはお参りした氏神が記載されました」

②「廃仏毀釈」の解説

「Q．（上記解説をした後で）全国各地で民衆らによって寺院や仏像が破壊されたりする『廃仏毀釈』運動が発生しました。奈良県にある有名な興福寺では，僧が全員，僧をやめ春日大社の神官として再就職しました。藤原氏の氏寺として栄え，現在世界遺産に指定されている興福寺も廃絶同然となりました。さらに富山県では，1630余りの寺を各宗一寺に整理しました。整理された寺の鐘や仏像などの金属類は大砲鋳造の材料にされ，寺領も没収されま

した」
③課題提示
☆「Q．なぜ藩だけでなく，民衆も過激な廃仏毀釈を行ったのでしょうか？ 江戸時代の寺の制度や明治政府の置かれた状況などを視点として考え，意見をワークシートに記入しましょう」
④小集団意見交換＆全体発表
【生徒の回答例】寺請証文発行や法事などでお金がかかり，僧を恨んでいたから／新政府もお金がいるので，天皇との関係で神社を大切にし，寺の土地や財産を没収したかったから
⑤解説＆学習のまとめ
　「江戸時代，僧が葬式仏教や寺請証文発行という特権にあぐらをかいていた不満がありました。また，各藩は，維新の激動期にあって経済的基盤の確保が必要でした。一方で廃仏毀釈に反対する一揆も浄土真宗を中心に起こりました。教祖親鸞の妻帯以来，僧も結婚し世襲で寺を継承するので，檀家との絆が深く，寺や僧を守る檀家主導の〈護法〉一揆でした」
☆【評価規準・判定基準＜思考・判断・表現力＞】

評価A（十分満足）	評価B（おおむね満足）	評価C（指導の手立て）
江戸時代の寺請制度と庶民感情，五箇条の御誓文など天皇の神聖化政策と関連づけて記述できている。	江戸時代の寺請制度や天皇の神聖化と関連づけて記述できている。	江戸時代の寺請制度と庶民感情，五箇条の御誓文と天皇との関係を復習させる。

■主な参考文献
・『新発見！日本の歴史37　維新政府　文明国への道』朝日新聞出版，2014
・柏原祐泉『日本仏教史　近代』吉川弘文館，1990
・井上　清『日本の歴史20　明治維新』中公文庫，1974

明治時代

73 明治天皇が落馬したとき，西郷隆盛は何と言った？

導入ネタ

> **ネタ→授業化のヒント**
>
> 明治天皇は，西郷隆盛の訓育で断髪など衣食住の文明開化を率先して推進し，質素倹約と地方行幸（視察）などを積極的に行った。

授業のねらい 明治天皇を通して国家の性格（天皇主権）が説明できる。

ネタ紹介＆導入方法

「Q．明治天皇が乗馬訓練で落馬したとき，西郷隆盛は何と言ったか，次から選びなさい」1．痛いと言うな！　2．泣くな！　3．もう乗るな！（A．1）※一斉挙手。「西郷隆盛は，若い明治天皇の訓育係となりました。西郷は，天皇が国家の最高権力者（主権者）で陸海軍を統率する大元帥としての成長を期待していたので，軍隊風の厳しい訓練を科しました。それゆえ西郷は『男は痛いと言ってはならない』と明治天皇に諭しました。天皇も大元帥としての自覚を高め，その後，晩年，病気で亡くなるときまで『痛い』という言葉を口にしなかったと言われます。西郷の言葉を固く守ったのでしょう。事実，天皇は西郷のことは大好きで，西南戦争で西郷の死を聞くと憔悴した様子でした。西郷を悼む和歌をいくつも詠んでいます」

【その他の活用（発問）例】

・明治天皇は，断髪し西洋の軍服を着用した。また，生活スタイルにおいても肉や牛乳を摂り，椅子や机を導入した。特に牛乳は，毎日飲んだと言われる。この天皇の姿が，国民の衣食住の西洋化を大きく推進した。
・天皇は，質素倹約を心がけ，移動にお金がかかるため，花見や避暑などはほとんど行かなかった。電気嫌いで，宮中では多くの蠟燭が使用された。
・倹約家であった明治天皇の好きなものが「ダイヤモンド」であった。

主な参考文献

・『新発見！日本の歴史37　維新政府　文明国への道』朝日新聞出版，2014
・森銑三著・小川昌洋編『新編　明治人物夜話』岩波文庫，2001

74 なぜ明治の政治家や軍人には「ヒゲ」が多いのか？

明治時代　　　　　　　　　　　　　　　　導入ネタ

> **ネタ→授業化のヒント**
> 江戸時代，政治家はヒゲを生やさなかったが，明治維新後，ヒゲは「権力・権威」の象徴として，政治家や軍人の多くが生やした。

授業のねらい　「ヒゲ」がもつ権力性を視点に中央集権体制が説明できる。

ネタ紹介＆導入方法

(「安倍首相の写真」を見せた後「伊藤博文」「板垣退助」の写真を見せる)
- 「Q．平成の政治家と明治の政治家を見た目で比較した場合，最初に目につくところはどこでしょうか？」※挙手 or 指名。
【生徒の回答例】『ヒゲ』が生えている
- 「Q．江戸時代の1670年に，『大ヒゲ禁令』でヒゲは禁止されましたが，明治維新後，再び政治家や軍人がヒゲを生やし始めました。なぜでしょうか」※挙手 or 指名。【生徒の回答例】外国人の影響／文明開化の流行でオシャレだったから／個人的趣味／立派に見える／相手になめられない
- 「江戸時代ではヒゲは『粋や通』とは対極の『野卑』として嫌われました。ところが，明治維新後，対外的な威厳や，民衆に権力や権威を見せつける風潮が，政治家や軍人，官僚や教師などの間で広まりました。民衆（男性）は，ヒゲ＝権威の象徴として，あえてヒゲを生やさなくなりました」

【その他の活用（発問）例】
- 伊藤博文は，ドイツ帝国の首相で，鉄血政策で有名なビスマルクを尊敬しており，彼の豊かなヒゲを参考にしていたと思われる。
- ヒゲを生やさない政治家（田中光顕法相＜土佐藩＞）や軍人（大山巌＜薩摩藩＞）もいた。「決していばらない性格」に共通性が見出される。

主な参考文献
- 阿部恒久『ヒゲの日本近現代史』講談社現代新書，2013

明治時代

75 ライバル対決！西郷隆盛VS大久保利通「征韓論論争」どちらが正しい？

判断型（意思決定）

ネタ→授業化のヒント

征韓論の本質は，不平士族の不満を背景とした西郷派と内政重視の大久保派との対立を通した新政府の方向性を決める権力闘争だった。

授業のねらい 征韓論を多様な視点から考察し，評価できる。

ネタ紹介＆指導過程（1時間）

①**導入クイズ**「Q．竹馬の友である西郷隆盛と大久保利通の趣味のうち，正しくないものは何か，次から選びなさい」1．刀　2．犬　3．囲碁（A．1）※一斉挙手。「西郷は，猟犬を手に入れることが趣味でした。また，大久保利通は，囲碁を妻から習い，終生の趣味になりました。2人は互いに不遇なとき（西郷は島流し，大久保は父の罪で貧困）助け合い，深い絆で結ばれていました。しかし，2人が対立する事件が起こりました」

②**課題提示**（NHK大河ドラマ「翔ぶが如く」の「征韓論」場面を視聴）

「西郷は条約改正交渉と欧米文化視察のために派遣された岩倉使節団（大久保利通も同行）の留守を預かる政府の参議でした。そんななか，朝鮮をめぐる次のような問題が起こりました」

> 明治新政府は，朝鮮に国交と通商を要求しましたが，朝鮮は江戸時代以来の宗氏のみとの交易を理由に拒否しました。そんなとき，日本の商人が宗氏を語って朝鮮で商売をしているのを朝鮮の役人が見つけ，次のように掲示しました。「日本は西洋の文化や風俗を真似て，何ら恥じるところがない。日本は『無法の国（法を守れない国）』である。後悔させなければならない」と。

☆「Q．この事件について留守政府の西郷と帰国した大久保は『征韓論（朝鮮を武力で開国する意見）』をめぐって対立しました。その様子をDVDで見ましょう。次の両者の主張の要点と国内の主なできごとの年表（「徴

兵令」など士族関係　※掲載略）を見て，あなたはどちらの意見に賛成ですか？　理由とともに意見をつくりなさい」

> [西郷の主張]　朝鮮に対して強硬な態度はいけない。友好的な国交を結ぶために使節として私が行く。服装は礼装である。武装はしない。しかし，もし私が斬られたら，そのときは戦争もやむを得ない。
> [大久保の主張]　使節を派遣するだけで朝鮮を刺激し，戦争になる可能性が高い。そうなれば，戦争の出費で人民の負担が増し，不平士族がこれに乗じて反乱を起こす。新政府は内政に専念すべきである。

③小集団意見交換＆全体発表
【生徒の回答例】
・[西郷に賛成]　徴兵令など不平士族が多い中，日本への侮辱はだめ。平和的解決のために西郷は行くと言っている。[大久保に賛成]　戦争リスクが高い。地租改正で経済を安定させ，「富国強兵」のため国力をつけるべき。

④学習のまとめ
　結果的に大久保の主張が通り，西郷や板垣退助らは政府を去りました。この事件は，政府で誰が主導権を握るかという「権力闘争」でした。

☆【評価規準・判定基準＜思考・判断・表現力＞】

評価A（十分満足）	評価B（おおむね満足）	評価C（指導の手立て）
両方の立場を比較考察し，既習事項（地租改正など）も踏まえ，根拠を示して意見を記述している。	既習事項（地租改正など）と選択した立場について根拠を示して意見を記述している。	征韓論の概要を復習し，自己の価値観を明確にさせて再度記述させる。

▶主な参考文献◀
・毛利敏彦『明治六年政変』中公新書，1979
・井上　清『日本の歴史20　明治維新』中公文庫，1974

明治時代

76 近代の罪と罰 歴史法廷「大津事件」を裁く！

AL
ネタ
探究型

> **ネタ→授業化のヒント**
>
> 大津事件は，「司法権の独立」による立憲国家への試金石であり，不平等条約改正交渉を見据えた外交的な側面をもっていた。

授業のねらい 大津事件を法制度や外交の視点から考察し，説明できる。

ネタ紹介＆指導過程（2時間〔①～⑤1時間，⑥～⑦1時間〕）

　1891年5月，シベリア鉄道の式典に出席する途中，ロシア帝国の皇太子ニコライは，観光と友好親善の目的で日本を訪問した。5月11日，滋賀県大津市で警備の巡査津田三蔵に突然斬りかかられ，負傷した暗殺未遂事件が大津事件である。この事件が外交や内政に与えた影響は大きく，国内世論も沸騰した。犯人津田の処分に対する政府（伊藤博文など）の裁判干渉もあり，大審院との司法権独立を巡る攻防が繰り広げられた。一方で，大審院院長の児島惟謙には，「国益保護」の観点があった。憲法などの法整備をしてまもない日本が，政府干渉を許し，不当な法解釈を行えば，欧米諸国に不信感を与え，不平等条約改正交渉に悪影響を与えると懸念したのである。

①**導入クイズ**（NHKドラマ「坂の上の雲」大津事件の場面を視聴させる）

　「Q．犯人津田三蔵の取り押さえに功績のあった人力車の車夫2人は，事件後にロシア政府や日本政府から勲章と年金をもらいました。彼ら2人のその後の人生で，正しくないものを次から選びなさい」1．政治家　2．海外で仕事　3．犯罪者（A．2）※一斉挙手！

②**事件の概略説明**

③**ファースト・ジャッジ**

　「犯人の罪の有無と有罪の場合の刑罰とその理由」をワークシートに記入。

④**ファースト・ジャッジの集約**　※「有罪・無罪，刑罰とその理由」を把握

⑤**判決案作成**　※以下の資料を読んで作成

【事件に関する資料】
・大審院の主張「刑法292条：一般殺人未遂罪を適用し，最高刑の無期懲役」
・日本政府の主張「刑法116条：皇室殺人未遂罪を適用。最高刑は死刑」
・ロシア政府の要望「犯人を死刑にしてほしい」
・ニコライの日記「日本人は親切であり，今回の事件があってもその気持ちに変わりはない」
・津田三蔵の供述「観光ではなく，ニコライの日本視察が許せなかった」
・各新聞社報道「ニコライへの見舞い電報1万通を超える」「犯人の肉を引き裂きたい思いである」「津田と三蔵の姓名禁止を村の議会で決議」
・大津事件担当裁判官の回顧録「犯人の津田の行動は，愛国心から出たもので，同情すべきものであるとの意見が大きくなってきた」

⑥小集団情報交換＆全体発表

【生徒の判決例】
・292条適用理由：ニコライは外国の皇室に当たる。
　刑罰：無期懲役，有期懲役（愛国心を考慮，ニコライの命に別状はない）。
・116条適用理由：ロシアとの戦争を避けるため。刑罰：死刑。

⑦大審院の判決背景の探究

☆「Q．なぜ大審院は，政府の裁判干渉に抵抗したのか？」

☆【評価規準・判定基準＜思考・判断・表現力＞】

評価A（十分満足）	評価B（おおむね満足）	評価C（指導の手立て）
三権分立制度を維持し，条約改正交渉を見据えた法治国家の確立を意図した記述ができている。	三権分立制度を維持し，法治国家の確立を意図した記述ができている。	大日本帝国憲法のしくみと大津事件の概要を復習し，三権分立制度の不安定さに気づかせる。

■主な参考文献■
・楠精一郎『児島惟謙　大津事件と明治ナショナリズム』中公新書，1997

77 二葉亭四迷は,「愛してる」を何と訳したか？

明治時代 / 導入ネタ

ネタ→授業化のヒント

日常の感情表現を多量にもつ話し言葉を書き言葉に直す言文一致運動を,「愛してる」をめぐる翻訳表現から考える。

授業のねらい 明治の言文一致（新しい日本語）運動の内容が説明できる。

ネタ紹介＆導入方法

- 「Q. 二葉亭四迷はロシア語で『愛している』という言葉を何と訳したか,次から選びなさい」
  1. 月がきれいですね　2. あなたのものよ　3. 死んでもいいわ（A. 3）※一斉挙手。
- 「江戸時代まで,話し言葉（口語）と書き言葉（文語）は別々でした。今でも,『話すように書きなさい』と言われても難しいですね。話し言葉を『裸言葉』とすれば,書き言葉は『服言葉』といえるでしょう。文章は不特定多数の人に読まれる可能性をもつ言葉ですから,表現するときに,論理性や他者に対する感情の抑制行動が出やすいためです。特に,当時の日本人には,男女の恋愛感情を「愛している」といったストレートに表現する習慣がなかったので,ロシア語の達人！二葉亭四迷も翻訳するのに,大変苦労したようです。彼の小説『浮雲』は,話し言葉を書き言葉で表現した言文一致（新しい日本語の創造）を試みた最初の近代小説といわれています」

【その他の活用（発問）例】

- 彼のペンネームは,自分自身に対して,「くたばってしまえ！」をもじったとも,父親に「小説家になる」と言ったら,「お前なんか,くたばってしまえ！」と叱責されたことが原因だとも言われている。

主な参考文献

- 色川大吉『日本の歴史21 近代国家の出発』中公文庫, 1974

明治時代

78 夏目漱石は『三四郎』で何を預言したか？

導入ネタ

> ネタ→授業化のヒント
>
> 夏目漱石は，日露戦争後の日本の軍備拡大の危険性と結末を『三四郎』で指摘している。個人主義と自然主義が色濃く反映されている。

■授業のねらい 個人主義や自然主義の文学の特徴が説明できる。

■ネタ紹介＆導入方法

・「Q．夏目漱石の『三四郎』で，熊本から東大進学のために上京した三四郎が，たまたま列車に乗り合わせ相席した広田先生に，『（日露戦争後の）日本もこれから発展するでしょう！』と言ったとき，広田先生は何と言ったでしょう？　次から選びなさい」1．「そう，一等国になるね」　2．「どうなるかわからないね」　3．「いや，滅びるね」（A．3）※一斉挙手。

・「夏目漱石が広田先生に言わせたこの言葉は，太平洋戦争の敗戦を知るわれわれは，預言的な言葉に感じると思います。さらに広田先生に『日本より頭の中のほうが広いでしょう。囚（とら）われちゃだめだ。いくら日本のためを思ったって贔屓（ひいき）の引き倒しになる計（ばかり）だ』と言わせています。漱石は2年以上のイギリス留学経験で，個人主義が進む先進国を肌で知りました。軍備拡大を進めていく日本の危険性を感じとっていたのでしょう」

【その他の活用（発問）例】

・夏目漱石のペンネーム「漱石」は，中国の故事に由来する「頑固者」「偏屈者」という意味で，屈折した号である。夏目漱石の本名は「金之助」。

■主な参考文献

・『週刊朝日百科98　日本の歴史　漱石・鴎外・荷風』朝日新聞社，2004
・紀田順一郎『名前の日本史』文春新書，2002
・夏目漱石『三四郎』新潮文庫，1948

79 マスメディアの華！ ラジオ放送の光と影とは何か？

大正時代

AL ネタ
探究型

> **ネタ→授業化のヒント**
>
> ラジオ放送は，新聞などとの連携を生み，大衆文化を飛躍的に発達させたが，事前検閲など政府による統制もあった。

授業のねらい ラジオ放送の光と影を多様な視点から考察できる。

ネタ紹介＆指導過程（1時間）

　大正デモクラシーの風潮の中，新聞や雑誌，レコードなど情報や芸術の大衆化が進んだ。番組欄の登場，流行歌の紹介などそれらマスメディアとの連携を促したのが，1925（大正14）年のラジオ放送であった。1923年の関東大震災時の情報欠如が生み出す社会不安（朝鮮人暴動の流言など）の発生から，広域的・統一的な情報・通信の必要性が強く認識されたのである。

①導入クイズ

　「Q．日本にラジオ放送が開始されたとき，東京以外に2か所でも開始されました。それはどこですか。次から選びなさい」 1．大阪・福岡　2．大阪・名古屋　3．大阪・札幌（A．2）※一斉挙手。「Q．この3局が，後に政府の指導で現在のNHKとなりました。当時，どんな番組があったのでしょうか？」※挙手 or 指名。

【生徒の回答例】

　ニュース／天気予報／料理番組／スポーツ中継など

　「今の番組の原型がこのころできていました。主婦向けの番組もありました。また，初のスポーツ中継は，全国中等学校野球大会でした」

②課題提示A

　「Q．当時のNHK放送と現在のNHKラジオ放送で，番組をつくる上で共通点と相違点は何でしょうか？」

【生徒の回答例】

[共通点]　CMがない／民間会社名の放送は禁止など

[相違点] 放送時間が短い／女性アナウンサーがいなかったなど

「CMはありませんでした。さらに現在は宣伝でなければ民間企業名を放送してもよいのですが，当時は宣伝でなくても禁止でした。さらに現在では禁止されている『検閲』もありました。特に皇室関係の内容は厳重に政府に監視されました。一方で，日本初の女性アナウンサーは，放送開始とともに東京放送局で誕生しています。翠川秋子さんという方でした」

③課題提示B
☆「Q．ラジオ放送がもつ良い・悪い面をいろいろな視点から考えましょう」
④小集団意見交換＆全体発表
【生徒の回答例】
[良い面] 大量に広い範囲に情報が伝わり，人々の考え方を知ることができる。
[悪い面] 一方通行の伝達で特定の情報が出されたら影響を受けやすい。
⑤解説＆学習のまとめ
　ラジオ放送は活字文化と違ってそのとき限りのものであり，しかも一方通行によって独裁者に利用されやすい危険な兆候があると，当時から指摘されていました。事実，この後日本は戦争に突入していきますが，ラジオ放送は，嘘でかためられた大本営発表を流すだけの放送機関となっていきました。

☆【評価規準・判定基準＜思考・判断・表現力＞】

評価A（十分満足）	評価B（おおむね満足）	評価C（指導の手立て）
政府の視点からラジオ放送の良い・悪い両面を具体的に記述している。	ラジオ放送の良い・悪い両面を具体的に記述している。	放送のもつ影響を新聞など活字メディアと比較して記述させる。

▶主な参考文献◀
・『週刊朝日百科107　日本の歴史　ジャーナリズムと大衆文化』朝日新聞社，2004
・武田晴人『日本の歴史19　帝国主義と民本主義』集英社，1992

昭和時代

80 探究！「特攻作戦」の情と理

AL ネタ
探究型

> **ネタ→授業化のヒント**
>
> 敗戦濃厚の中，一撃講和（終戦）の契機として考え出された決死の特攻作戦。特攻隊員の肉声から社会と人間を見つめさせたい。

授業のねらい 特攻隊員の心情と戦争を多様な視点から考え，表現できる。

ネタ紹介＆指導過程 （１時間）※太平洋戦争の学習後実施。NHKの「映像の世紀　世界は地獄を見た」または，映画「永遠の０」を視聴させる)

①導入クイズ「Ｑ．神風特攻隊にはある人物の歌から『敷島隊』などの名前がつけられましたが，その人物とは誰か，次から選びなさい」１．紀貫之　２．藤原定家　３．本居宣長（Ａ．３）※一斉挙手。「本居宣長の歌『敷島の　大和心を人問はば　朝日に匂ふ　山桜花』から採られ，以後，特攻隊は『敷島隊，大和隊，朝日隊，山桜隊』と名づけられました」

②特攻隊編成の経緯

　「サイパンが陥落して日本の敗戦が濃厚になってきた中，海軍は次の主戦場となるフィリピンで『一撃』による局面展開を図ろうとして特攻作戦を考えました。その総指揮官に選ばれたのが23歳の関行男大尉でした。そのとき，関大尉が出撃前に残したのが，次の言葉です」

> 日本もおしまいだよ。僕のような優秀なパイロットを殺すなんて……。しかし，命令とあれば，やむを得ない。日本が負けたらKA（家内）がアメ公に何をされるかわからん。僕は彼女を守るために死ぬ。

　「海軍は関大尉他神風特別攻撃隊とその戦果を大きく発表しました。命令ではなく，志願によるとしています。以後海軍だけでなく，陸軍においても特攻作戦は，敗戦直前まで続けられることになります」

③課題提示

☆「Ｑ．特攻隊員は，どんな気持ちで敵艦に突撃していったと考えますか？」

④小集団意見交換＆全体発表

【生徒の回答例】　生き残ることを許されずに戦い死ぬというのは残酷だ／本当は嫌なのに志願させられて泣く泣く突撃したのではないか／関大尉のように国のためというよりは家族のために死んでいったと思う

⑤学習のまとめと課題提示

　「特攻隊の戦死者は4500人以上にのぼりました。その大部分は20歳前後の若者です。また，空の特攻以外にも『回天』という潜水艇による人間魚雷作戦もありました。100％の死を覚悟して突撃する若者は何を考えていたのでしょうか？　次の特攻学生が残した声（遺書）から汲み取りましょう。そして，自分の心に感じた言葉をワークシートに綴ってください」

・私は，お母さんに祈って突っ込みます。……もうすぐ死ぬということが何だか人ごとのように感じられます。私もいつもそばにいますから。
（「母への手紙」学生・23歳・沖縄にて戦死）
・空の特攻隊のパイロットは一器械に過ぎぬと一友人が言ったことは確かです。一器械である私は何も言う権利もありませんが，願わくば愛する日本を偉大ならしめんことを，国民の方々にお願いするのみです。
（「所感」学生・22歳・沖縄にて戦死）

☆【評価規準・判定基準＜思考・判断・表現力＞】

評価A（十分満足）	評価B（おおむね満足）	評価C（指導の手立て）
世界情勢や国家体制などの視点や特攻隊員の心情に触れて記述できている。	国家体制などの視点や特攻隊員の心情が記述できている。	特攻隊員の立場を想像させるとともに，国家の動きを解説し，記述させる。

■主な参考文献■
・半藤一利『昭和史』平凡社，2004
・『きけわだつみのこえ　日本戦没学生の手記』岩波文庫，1982

◆おわりに◆

　これまで，「自分がおもしろい！受けてみたい！ため（栄養）になる！授業ネタ」の開発と実践を地道にコツコツと行ってきました。今，本書を全力で書き上げて，心地よい充実感と達成感でいっぱいです。

　ところで，本稿を執筆しているころ，5年ぶりの「M－1グランプリ」がTVでやっており，笑いありの楽しい時間を過ごしました。漫才もネタが命です。ネタのおもしろさだけでなく，表情（目線）と話術，テンポと相方との間合いなど，漫才師たちの情熱と力量に思わず魅入ってしまいました。ネタがもつ笑いのツボや構成が，漫才師の個性によって違っており，いつの間にか授業者の目線で観察・分析している自分に気づきました。後で，録画したビデオを何度も見直してしまいました。

　生徒を惹きつけ，授業内容の世界に誘う教師の授業づくりにおいても，漫才はとても示唆に富む芸と言えるでしょう。この場合の「相方」は，生徒になるでしょうか。生徒を受け身だけの「観客」にできるだけしない！という気持ちを肝に銘じたいと思いました。

　ここに1冊のささやかな書物を世に問うことができたのは，ひとえに明治図書編集部の皆様をはじめ多くの方々の支えがあればこそでした。心より感謝を申し上げます。

　最後に，常に有形無形に心の支えとなってくれた妻の聰子，娘の瑞希，晴和に感謝をこめて本書を捧げます。

乾　正学

【本書で提案した視聴覚教材一覧】

(※数字はネタ番号，映画は DVD 版で，その発売年を示す)

- 8　武内英樹監督　映画『テルマエ・ロマエ』2012
- 14　NHK『歴史秘話ヒストリア「女王・卑弥呼はどこから来た？」』2014
- 20　宮崎　駿監督　映画『千と千尋の神隠し』2002
- 22　NHK ドラマ『大仏開眼』2010
- 25　滝田洋二郎監督　映画『陰陽師』2001
- 30　NHK 大河ドラマ『北条時宗』2001
　　NHK スペシャル『発見！幻の巨大軍船～モンゴル帝国 VS 日本730年目の真実～』2012
- 37　宮崎　駿監督　映画『もののけ姫』1997
- 40　角川春樹監督　映画『天と地と』1990
- 46　NHK 大河ドラマ『利家とまつ　加賀百万石物語　完全版』DVD，2002
- 49　NHK ドラマ『真田太平記　完全版第弐集』DVD　2005
- 51　NHK『その時歴史が動いた　人間ドラマ誕生～近松門左衛門　曽根崎心中～』2006
- 54　高畑　勲監督　映画『おもひでぽろぽろ』2003
- 56　森田芳光監督　映画『武士の家計簿』2011
- 62　『鬼平犯科帳』は DVD 版でのシリーズやテレビ放映（フジ系列）などがある。
- 65・66　NHK『その時歴史が動いた　二宮金次郎　天保の大飢饉を救う』2005
- 71　NHK ドラマ『坂の上の雲』DVD，第1部，2009
- 75　NHK 大河ドラマ『翔ぶが如く　完全版』DVD，2007
- 76　NHK ドラマ『坂の上の雲』DVD，第3部，2012
- 80　NHK『映像の世紀　第5集　世界は地獄を見た』DVD，2000
　　山崎　貴監督　映画『永遠の0』2014

【著者紹介】

乾　正学（いぬい　しょうがく）

1967年生まれ。大阪府出身。1990年関西学院大学文学部卒業。1993年より神戸市立の中学校教諭として勤務。2001年兵庫教育大学大学院学校教育研究科教科領域教育専攻（社会系コース）修了。2004年から2012年まで神戸大学附属発達科学部附属住吉中学校（現神戸大学附属中等教育学校住吉校舎）教諭を経て，現在，神戸市立大原中学校教諭。主な著書として，『わかる！できる！笑いがある！協同学習で創る中学歴史授業のヒント』（明治図書）などがある。

中学歴史　生徒が夢中になる！
アクティブ・ラーニング＆導入ネタ80

2016年7月初版第1刷刊　Ⓒ著　者	乾　　　正　学
発行者	藤　原　光　政
発行所	明治図書出版株式会社
	http://www.meijitosho.co.jp
	（企画）松川直樹　（校正）井草正孝
	〒114-0023　東京都北区滝野川7-46-1
	振替00160-5-151318　電話03(5907)6704
	ご注文窓口　電話03(5907)6668
＊検印省略	組版所　中　央　美　版

本書の無断コピーは，著作権・出版権にふれます。ご注意ください。

Printed in Japan　　　　　　　　ISBN978-4-18-205923-0
もれなくクーポンがもらえる！読者アンケートはこちらから　→